Formen, Farben und Symbole

Ingrid Kraaz von Rohr

Formen, Farben und Symbole bewußt erfahren und nutzen

Die neue Integral-Therapie

Scherz

Erste Auflage 1995

Schutzumschlag von Adolf Bachmann.

Inhalt

Vorwort

Unser Leben gestaltet sich in sehr vielfältigen, unterschiedlichen Bahnen. Wenn wir uns in einem soziologischen Rahmen vom Kleinen zum Großen hin beschreiben wollen, so nehmen wir den Weg von unserer Familie über eine größere Verwandtschaft zu einem großen Freundeskreis. Gleichzeitig müßten wir unsere Einbindung in ein Berufsfeld, einen Verein, eine Partei, eine Kirche nennen. Schließlich gehören wir auch zu einer Volksgruppe, einem Dorf (oder einer Stadt), zu einer Landschaft, einem Bundesland, einer Nation, zu einem Kontinent.

Wir können aber auch eine Bewegung von außen nach innen vollziehen. In diesem Buch möchte ich über Harmonie in unserer Umgebung sprechen. Dabei beginne ich mit den Charakteristika der Landschaft, in die man ein Haus baut, und seinen Formen und Materialien, um dann ins Innere des Hauses zu gehen und seine Einrichtung zu betrachten. Für mich bleibt der von außen nach innen wandernde Blick aber nicht bei der Einrichtung meiner persönlichen Umgebung – der Räume meiner Wohnung – stehen. Damit wir uns zufrieden und wohl fühlen können, reicht äußere Harmonie allein nicht aus. Wirkliches Wohlbefinden entsteht nur, wenn wir auch in uns selbst ausgeglichen sind und in unserem Innern einen Kern erreichen können, wo wir ganz bei uns sind und uns gleichzeitig in Übereinstimmung mit der kosmischen Harmonie befinden.

Zu einem ganzheitlichen Lebenskonzept, wir wir es anstreben sollten, gehört ebenso eine Rückbesinnung auf die Kraft der Formen, Farben und Symbole, die unser Leben stark bestimmen, auch wenn es den meisten Menschen in heutiger Zeit nicht bewußt ist. Die intellektuelle Orientierung der meisten modernen Menschen hat zu einer weitverbreiteten materialistischen Einstellung und Wertung geführt. Das «Material» aber ist nur die eine Seite der Medaille. Wenn wir die dazugehörige Form nicht zur Kenntnis nehmen, verringern wir unsere Chance, ein Leben in Gesundheit und Harmonie, in der Ganzheit zu führen.

Als Essenz vieler Kulturen hat sich die Erkenntnis herausgebildet, daß der Mensch in vielschichtiger Weise mit seiner natürlichen Umgebung verbunden ist. Die Energien, die ihn durchströmen, sind nicht isoliert zu betrachten, sondern sie stehen in einer engen Wechselbeziehung mit den irdischen und kosmischen Strömungen. Für diese Kräfte gibt es unterschiedliche Bezeichnungen, je nach Kultur und Religion auch unterschiedliche Perspektiven. Letztendlich aber lassen sich eine Reihe von zunächst kaum vermittelbaren Naturphilosophien auf dieselben Wurzeln zurückführen. Die indische Vorstellung von den Energieströmen, die den menschlichen Körper und seine verschiedenen Kraftzentren – die Chakren – und die menschliche Aura durchfließen, läßt sich in der chinesischen Tradition in der Konzeption des alles durchströmenden Energieflusses im *Qi* in sehr ähnlicher Weise erkennen. Eine uralte europäische Tradition identifiziert die Erde, die Kraftlinien wie Lebensströme durchziehen, mit dem menschlichen Körper, durch den seinerseits Adern das lebenspendende Blut fließen lassen.

Diese verschiedenen Sichtweisen vom Leben und vom Kosmos sind zum größten Teil in Vergessenheit geraten, ein kleiner Teil jedoch hat sich lebendig erhalten. Mein Bestreben ist es, aus ihnen jahrhundertealte Regeln aufzuzeigen, deren Einhaltung dem Menschen Glück und Gesundheit sowie innere und äußere Harmonie bescheren.

Im Hinblick auf unser Leben in einer bestimmten Umgebung bedeutet dies: Wir können dafür Sorge tragen, daß unsere (Lebens-)Räume durch die zielvolle Verwendung von Farben, Symbolen oder Feng-Shui-Leitlinien ihre Kraft immer wieder von selbst erneuern und somit wesentlich zur Gesundheit ihrer Bewohner beitragen. Das äußere Haus ist aber erst dann wirklich perfekt, wenn auch unser innerstes Haus im Körper sich in einer harmonischen Balance befindet. Auf der Suche nach dieser inneren Ruhe und seelischen Klarheit sind Meditationen bedeutende Wegbereiter, weshalb ich Ihnen schließlich am Ende des Buches einige Hilfestellungen für die Herstellung des inneren Gleichgewichts und einer vertieften Spiritualität geben möchte.

Die Wiederentdeckung geheimen Menschheitswissens

Teil I

Bei der Betrachtung jahrtausendealter Kultstätten, wie etwa der polynesischen Moai-Figuren auf der Osterinsel, der megalithischen Monumente von Stonehenge und Carnac und insbesondere der Pyramiden von Gizeh, kann uns Menschen des hochtechnisierten Zeitalters eine Ahnung davon überkommen, daß es außer den Kategorien der rationalen und meßbaren Naturwissenschaften noch anderes Wissen geben muß, ohne das diese Wunderwerke kaum zu begreifen sind. Sie alle sind an besonderen «Orten der Kraft» erbaut, deren hohe Energiekonzentrationen sich mit objektiven Verfahren messen lassen. Menschen, die sich innerhalb dieser Monumente befinden, erfahren einen ernormen Anstieg ihrer regenerativen und spirituellen Kräfte.

Erstaunlich ist, daß diese Orte durch sogenannte «ley lines», Kraftlinien, miteinander verbunden sind, deren Gesetzmäßigkeit so offenkundig wie andererseits geradezu unbegreiflich ist. Betrachtet man diese einzelnen Kraftpunkte und die sie unsichtbar verbindenden Kraftlinien, so erscheint uns die Erde einem Körper vergleichbar, in dessen Innern sich ein kompliziertes Netz aus Adern, Nerven und Akupunkturpunkten befindet. Aber nicht nur planetare Kraftströmungen beeinflussen diesen Organismus, seine natürliche Harmonie wird überdies durch kosmische Kräfte und Wirkungen bestimmt. Seit den frühesten Zeiten der Menschheitsgeschichte existiert die Anschauung, daß die Erde kein toter Körper, sondern von einem Geist beseelt sei, der ihr Leben und ganzes Wesen ausmacht.[1] Der irdische Geist ist das Leben, das allem Erschaffenen seine Stärke

[1] Vergleiche Jens M. Möller: *Geomantie in Mitteleuropa.* Kraftlinien und Energiezentren in Mitteleuropa. Aurum Verlag Braunschweig, 2. Auflage 1992, S. 35ff.

verleiht. Die Kraftlinien des geistbeseelten Körpers Erde stehen in Wechselbeziehung mit dem Kosmos, insbesondere den Einwirkungen von Sonne und Mond. Diese Vorstellung von der Erde als lebendem Organismus führte dazu, daß die Menschen über die Jahrhunderte und Jahrtausende in ihrem alltäglichen Leben ein metaphysisches Bewußtsein von der Funktion ihrer unterschiedlichen Orte besaßen und sich bei der Wahl des Standortes von Siedlungen oder einzelner Häuser von einer ganzheitlichen fühlend-intuitiven Kenntnis der Erde und ihrer sichtbaren Gesetzmäßigkeiten leiten ließen. Dieses Wissen ist in unserer immer stärker technisierten Gesellschaft fast vollständig in Vergessenheit geraten, allerdings gewinnt es zunehmend wieder an Bedeutung und findet unter der Bezeichnung «Geomantie» immer stärkere Beachtung.

Uralte Weisheit des Feng Shui

Von allen uralten Traditionen, die sich mit den Kraftlinien der Erde befassen, zählt die chinesische Überlieferung des Feng Shui zu denjenigen, die bis in die heutige Zeit lebendig geblieben sind. In dieser Weisheitslehre heißen die irdischen Kraftströme «Drachenadern». Sie werden geehrt als Lebensströme des Erdkörpers, die das Leben der Menschen in vielfältiger Weise beeinflussen.

Ausgehend von dieser Weltanschauung ist Feng Shui – häufig mit «Wasser und Wind» übersetzt – eine Harmonielehre, bezogen auf die Landschaft und im engeren Sinn auf die Einrichtung und Gestaltung von Wohn- und Arbeitsräumen. Mit einem Wort: Feng Shui ist die Kunst des gesunden Wohnens und Lebens.

Die vorherrschend rationale Ausrichtung der westlichen Welt führte statt zu klugen und vernünftigen Entscheidungen immer wieder zu verheerenden Folgen – auch in der Architektur. Infolgedessen öffnet man sich zunehmend der östlichen Weisheit. Von daher findet die Kunst des Feng Shui auch bei uns wachsendes Interesse. Immer mehr private, sogar auch öffentliche Gebäude werden mittlerweile unter Einbeziehung dieser Erkenntnisse geplant.

Was ist Feng Shui? An dieser Stelle kann die komplexe Richtung des Feng Shui nur vereinfachend und – vor allem – in den für unseren Themenkreis interessierenden

Aspekten dargestellt werden. Feng Shui ist eine Kunst, die der Erhöhung der Lebenskraft *(Qi)* sowohl außerhalb als auch innerhalb von Lebensräumen dient.

Feng Shui ist ein vielfältig schillernder Begriff, der sich auf die Umgebung, die Ausstrahlung, die Schwingungen eines Ortes bezieht. Mit ihm bezeichnen die Chinesen auch die Stimmung – die gute wie die schlechte – oder den Geist eines Ortes. Ursprünglich ist es die Lehre von der idealen Stätte, an der sich der Mensch im natürlichen Gleichgewicht, in der völligen Harmonie zwischen Himmel und Erde befindet. Diesen Ort kann man mit Hilfe unterschiedlicher Ansätze finden.

Die *Formschule* der Feng-Shui-Lehre geht davon aus, daß ein Haus durch seine Umgebung und die es in der Nähe und Ferne umgebenden Formen – insbesondere seine Horizontlinie – geprägt wird. Bestimmte Merkmale einer Umgebung können einen schlechten Einfluß – *Sha* – auf das Haus haben. Andere bewirken gute Einflüsse – genannt *Qi* –, die sich als allgemein positive Strömungen und im einzelnen als gesunde Luftströme, vitalisierende Energieströme oder ähnliches manifestieren können. Das Ziel besteht darin, ein Haus so zu gestalten, daß möglicht viel *Qi* hineingelangt, es in sanften Kurven durchströmt und je nach den Erfordernissen eines Raumes diesen mit einer vitalen oder entspannenden Atmosphäre auflädt. Umgekehrt gilt, daß man die schädlichen Einflüsse des *Sha* von einem Haus abwendet oder zumindest zu neutralisieren versucht. Ein als «geheimer Pfeil» empfundener Winkel – etwa

Eine klassische Anordnung von Drache und Tiger. Der Fluß fließt nach Norden. Der rechte Berg stellt den Drachen dar, der linke den Tiger. Das Haus sollte rechts an den vorderen Biegungen des Flußlaufes erbaut werden.

eine Hausecke, deren Spitze auf das eigene Heim gerichtet ist – zieht *Sha* an. In einem solchen Fall muß man versuchen, die schlechte Energie abzulenken. *Qi* – übrigens gleichfalls der Akupunkturbegriff für die vitalen Körperenergien – strömt in sanften, unregelmäßigen Bahnen und wird durch wellenförmige Flächen begünstigt. *Sha* hingegen kommt auf geraden Wegen, benutzt gerade Linien, um Böses und Schädliches herbeizuführen. Wer seine Umgebung nach der Weisheit des Feng Shui gestaltet, sollte also außerhalb und innerhalb eines Hauses gerade Wege ebenso wie scharfe Kanten, Ecken und Winkel vermeiden.

Vor dem Bau eines Hauses oder einer Siedlungsanlage wurde nach alter Tradition sorgfältig die umliegende Landschaft studiert. Es galt in erster Linie, den «Drachen» und den «Tiger» zu finden, das heißt die harmonischste Anordnung zweier Berge mit einem Tal dazwischen. Als Drache gilt jener Berg, der östlich, nordöstlich oder südlich des Grundstücks zu sehen ist und sich über den anderen Berg, den Tiger, erhebt. Idealerweise sollte südlich oder südwestlich des Hauses Wasser sein.

Weitere in der Landschaft zu identifizierende Merkmale sind – neben dem Drachen und dem Tiger – der Vogel und die Schildkröte. Diesen Tieren sind jeweils eine Farbe und eine Himmelsrichtung zugeordnet: dem grünen Drachen der Osten, dem weißen Tiger der Westen, dem roten Vogel (= Phönix) der Süden und der schwarzen Schildkröte der Norden. Aber diese Symbolik ist natürlich sehr stark mit der alten chinesischen Tradition und Religion verknüpft, und es ist für uns, die wir nicht damit aufgewachsen sind, nicht ganz leicht, ihre kulturellen Besonderheiten aufzunehmen und die tieferen symbolischen Bedeutungen zu erfassen.

Meiner Meinung nach ist dies aber nicht weiter tragisch. Wichtig ist doch, daß wir in den weisen alten Traditionen die Essenz erkennen und uns diese nutzbar machen. Und ob wir nun nach dem Drachen oder Tiger suchen – als Nichtasiaten und Laien in östlichen Philosophien fehlt uns sowieso der innere Bezug zu diesen Elementen. Wenn wir uns aber bei der Betrachtung eines Grund-

Generative (l.) und destruktive Ordnung (r.) der Elemente

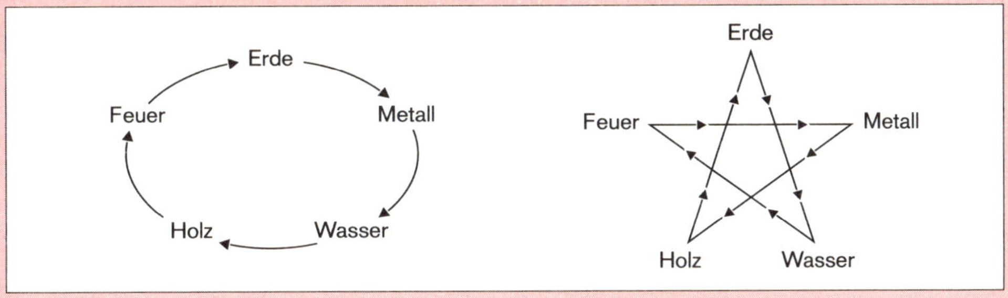

stücks in die es umgebende Horizontlinie versenken und für uns Kraftpunkte oder Orientierungsstützen erkennen, die uns als harmonische Punkte zwischen Himmel und Erde erscheinen, dann wenden wir die Grundsätze des Feng Shui bereits ganz konkret und sinnvoll an.

Von besonderer Bedeutung innerhalb der Feng-Shui-Theorie ist die Verwendung von Formen und Materialien. Beide sind in dem Prinzip der *Fünf Elemente* – Holz, Feuer, Erde, Metall und Wasser – vereinigt. Nicht nur sind diese Elemente auf die fünf Hauptplaneten bezogen, nicht nur gibt es Korrelationen zwischen ihnen und den Jahreszeiten, bestimmten Farben und den Himmelsrichtungen – auch ihre Anordnung untereinander ist von entscheidender Bedeutung für das Feng Shui. Die genannte Reihenfolge stellt die Elemente in eine zyklische Nachbarschaft, die positiv und wechselseitig unterstützend wirkt. Die zugrundeliegende Idee ist, daß jedes Element aus dem vorigen entsteht beziehungsweise seinerseits das folgende hervorbringt. Demgegenüber ist eine Anordnung, bei der ein Element auf das übernächste trifft, destruktiv. Vielleicht kennen Sie das Kinderspiel «Schingschangschong»: Zwei Kinder bilden mit ihren Händen zu diesem Wort ein Symbol für Schere, Papier, Brunnen oder Stein. Derjenige, der die Schere zeigt, verbucht einen Punkt, wenn der Gegenspieler Papier gezeigt hat, denn die Schere zerschneidet Papier. Hingegen verliert die Schere gegenüber dem Brunnen, weil sie in ihn hineinfallen kann. Genauso funktioniert die Symbolik der Fünf Elemente.

Jedem der Elemente ist gleichzeitig eine Form zugeordnet, die Ausdruck seiner Grundeigenschaften ist. Holz wird – ausgehend von der Gestalt der Bäume – durch lange, hohe, aufrechte Strukturen repräsentiert, Feuer wegen der tänzelnden Flammen durch nach oben spitz zulaufende Formen, während sich das Element Erde im – vorzugsweise flachen – Erdboden manifestiert. Dem Metall ist eine runde, kuppelartige Form zugeordnet, und das Wasser in seiner Formlosigkeit wird durch Wellen, Unregelmäßigkeiten und komplexere Strukturen repräsentiert, die eher rund als kantig sind.

Was bedeutet dies alles für denjenigen, der die Prinzipien des Feng Shui beim Bau eines Hauses anwenden will? Nun, man kann durch die Betrachtung des Geländes, auf dem man bauen will, dessen Charakteristik entschlüsseln und bei der Wahl sowohl der Form als auch des Materials eine harmonische Ergänzung zur Landschaft suchen. Zu dem durch das Element «Erde» gekennzeichneten Gelände passen die Elemente «Metall» oder «Holz» als Gebäudecharakteristika besser als «Wasser». Wir werden an anderer Stelle noch auf die günstigste Zuordnung von Materialien zu Gebäudetypen zu sprechen kommen (s. S. 88 ff.).

Wenn ein Haus bereits steht, man also keinen Einfluß mehr auf seine Lage, Materialien und Formen nehmen kann, hat man immer noch die Möglichkeit, die für bestimmte Aktivitäten förderlichen Bereiche auszumachen beziehungsweise ungünstige Situationen zu lokalisieren und zu neutralisieren. Hierzu wendet man die Feng-Shui-Prinzipien der *Kompaßschule* an, denen zufolge man das Innere des Gebäudes analysieren und auf diese Weise herausfinden kann, wo man welchen Raum am glückbringendsten einrichtet. Ebenso können wir nach diesem Verfahren diejenigen Räume lokalisieren, die wir aufgrund ihres schlechten Einflusses weder als Wohn- noch als Arbeitsräume nutzen und statt dessen beispielsweise als Lager verwenden sollten.

Die Prinzipien der *Kompaßschule* sind jeweils auf ganz individuelle Daten zu beziehen, wie etwa auf ein speziell zu errechnendes Geburtsjahr. Wer seine Wohnung oder sein Haus nach Feng-Shui-Regeln bis ins Detail auf die eigene Familie oder die eigene Persönlichkeit hin ein- und ausrichten will, sollte sich daher intensiv mit dieser Richtung beschäftigen und am besten einen Feng-Shui-Meister als Berater hinzuziehen.

Die Sprache der Formen und Materialien

Symbolik von Form und Material bei den Feng-Shui-Elementen

Harmonie in der Architektur entsteht durch die Übereinstimmung und wechselseitige Ergänzung von Formen und Materialien, Landschaft und Himmelsrichtung. In der Tradition des Feng Shui wird jeder dieser Aspekte auf höherer Ebene durch Symbole dargestellt, die ihrerseits untereinander zusammenspielen. Wenn wir also nach Harmonie zwischen Form und Material streben, sollten wir deren Symbolisationen betrachten und daraus unsere Rückschlüsse auf Verträglichkeiten und harmonische Ergänzungen ziehen.

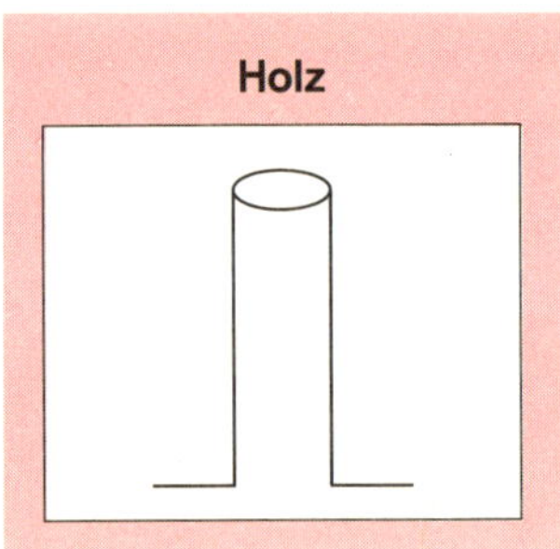

Holz wird in dem Kreislauf der Fünf Elemente an erster Stelle genannt, da es für den Jahresanfang – das Frühjahr – steht und somit Wachsen, Gedeihen und Nähren symbolisiert. Aufgrund seiner Materialisation im Baum wird dem Holz die hohe, aufragende Form zugeordnet. In der östlichen Architektur verwendet man hölzerne Baumaterialien vorzugsweise für religiöse und monumentale Gebäude wie Pagoden, Säulen, Pfeiler, hohe Wachttürme. Jedoch ist Holz ein so angenehmes und vielseitiges Baumaterial, daß es auch bei Bauten geringerer Höhe eingesetzt wird.

Die dem Holzelement zugeordnete Himmelsrichtung ist der Osten, die ihm entsprechende Farbe Grün. Die Bedeutung des Nährens und Wachsens macht Holz in allen Bereichen, in denen gegessen wird, ideal einsetzbar: in Eßzimmern, Restaurants oder Kantinen; ebenso dort, wo Wachstum und Lebensprozesse sich entfalten, zum Beispiel in Kindergärten, Kinderzimmern, Krankenhäusern, Wohnhäusern. Im weiteren Sinne fördert Holz die Kreativität. Deshalb bietet sich der Einsatz dieses Elementes auch in allen Bereichen künstlerischer Tätigkeit an, in Ateliers oder in Schreibarbeitszimmern.

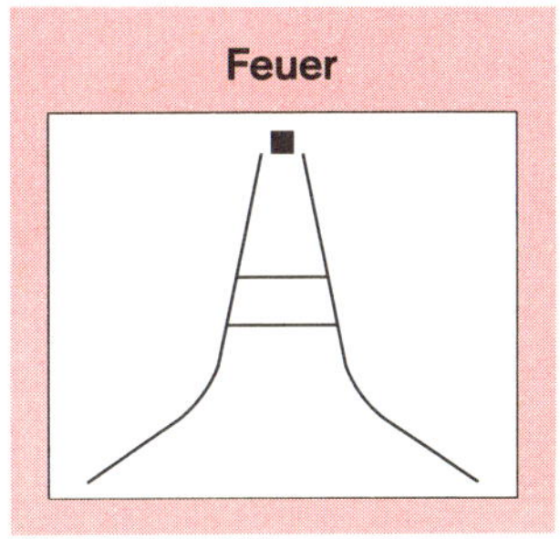

Feuer ist durch spitze Formen charakterisiert. Die uns aus Asien bekannten steilen Spitzdächer auf Tempeln sind auf die Gegenwart dieses Elementes zurückzuführen. Neben Gebäude mit Feuersymbolik baut man in Südostasien keine Holzhäuser, um dadurch die Brandgefahr zu bannen. Dem Feuer sind die Farbe Rot, der Süden, der Sommer und das tierische Leben zugeordnet. Seine Materialentsprechung findet es in den Kunststoffen. Da das Feuer als Darstellung des Intellektes gilt, bietet es sich an, Schulen, Universitäten und Bibliotheken in «Feuer»-Form zu errichten. Innerhalb des Wohnhauses ist dieses Element in der Küche am Herd beheimatet.

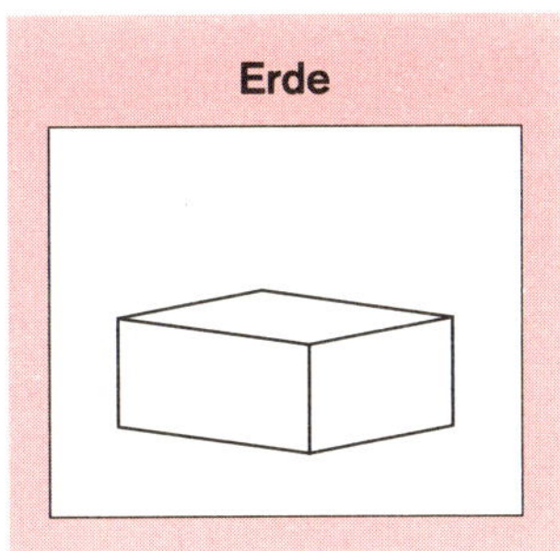

Erde als Element ist durch flache, niedrige Formen in Gebäuden charakterisiert. Es ist durch Schmucklosigkeit, glatte, einfache Flächen geprägt und wird durch die Baumaterialien Ziegel, Ton und Beton verkörpert. In diesem Element konzentrieren sich die Eigenschaften der Stabilität und Solidität, einer gewissen Erdverbundenheit und Unbeweglichkeit, von der keine stimulierenden Impulse ausgehen. Daher eignet sich das Erdelement überwiegend für Lager- und Vorratsräume,

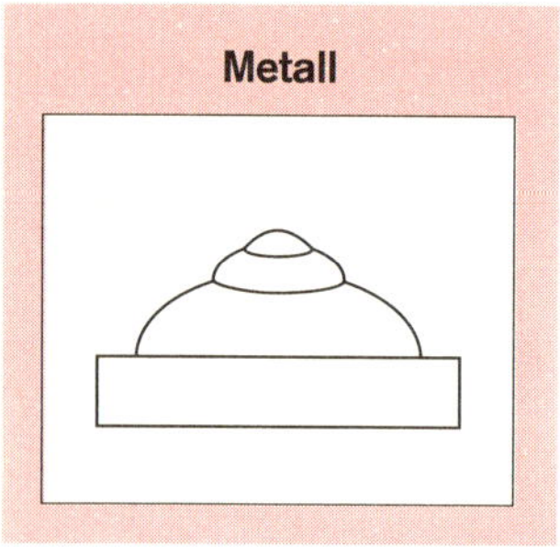

Garagen oder ähnliche Bereiche, in denen nicht – oder nicht dauerhaft – gelebt wird.

Unter den fünf Elementen stellt «Erde» das Zentrum zwischen den vier Himmelsrichtungen dar. Die ihm zugeordnete Farbe ist Gelb.

Zu *Metall* gehören runde Formen. In der Architektur ist dieses Element in geschwungenen Kuppeldächern oder gewölbten Räumen und Gängen realisiert, vorwiegend in Palästen oder religiösen Bauten. Da Metall sich in Münzen – mithin in Geld – symbolisiert, bietet es sich an, seine Form für Geschäftshäuser zu verwenden, insbesondere auch für Banken, Börsen und alle Gebäude, in denen finanzieller Erfolg gesucht wird. Für Wohnhäuser ist Metall weniger geeignet als für kommerzielle Gebäude, da dieses Material im Sinne des Wachsens und Nährens nicht förderlich ist. Sowohl in formaler wie auch in materialer Hinsicht würde es im privaten Bereich am ehesten in einen Werkraum passen. Dem Metall sind die Farbe Weiß, die Himmelsrichtung Westen und jahreszeitlich der Herbst zugeordnet.

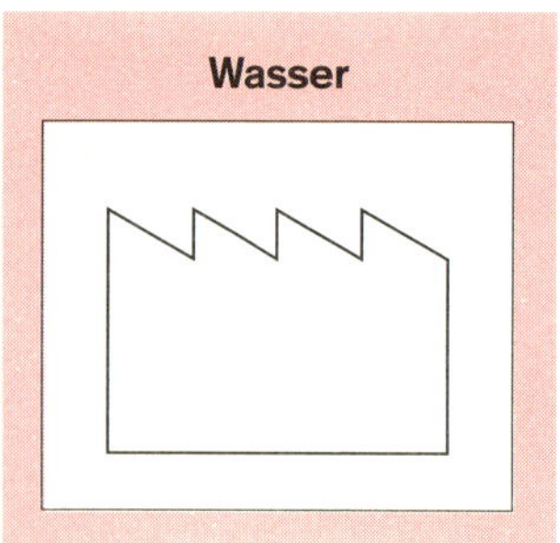

Wasser drückt sich durch Formlosigkeit, fließende Bewegung und Transparenz aus. Entsprechend sind ihm vermischte, uneindeutige Formen sowie als Material das Glas zugeordnet.

Aus seiner fließenden Eigenschaft ergibt sich, daß Wasser als Element der Kommunikation gesehen wird. Aufgrund seiner Charakteristik ist es in allen Bereichen, wo Ideen übermittelt werden, sinnvoll einzusetzen, insbesondere auch an Stätten der Kunst: in Museen, Opernhäusern, Galerien. In Wohnhäusern paßt Wasser auch dort, wo es als konkretes Material gebraucht wird: im Wasch-, Bade- und Toilettenbereich. In seiner symbolischen Bedeutung paßt es zum Arbeitszimmer, in dem künstlerisch und kreativ gearbeitet wird.

Von oben kommendes Wasser, wie bei Wasserfällen und Springbrunnen, lädt die Energien eines Raumes stark auf.

Zum Wasser gehören der Norden und die Farbe Schwarz. Die entsprechende Jahreszeit ist der Winter.

Auf diese symbolischen Zuordnungen kann man zurückgreifen, um zu entscheiden, an welchen Ort man ein Haus baut und für welche Materialien und Formen man sich am sinnvollsten entscheidet. Auch im beruflich-geschäftlichen Bereich können diese Erwägungen von besonderer Bedeutung sein, wie wir am Element «Metall» gesehen haben. Eine Bank, die sich bei einem Neubau in ihrer Material- und Formenwahl überwiegend für die Metallcharakteristik entscheidet, beeinflußt positiv den finanziellen Erfolg des Hauses.

Symbole sind Träger von Bedeutungen, die für die Menschen von grundsätzlichem Wert sind. Entstanden aus langen Traditionen, sind sie angereichert mit dem Wissen, der Kraft, der Lebensenergie der Menschheit: einem Potential, das sie in extremer Potenz beinhalten.

Vereinfachte Darstellung des "Kompaß" nach Feng Shui

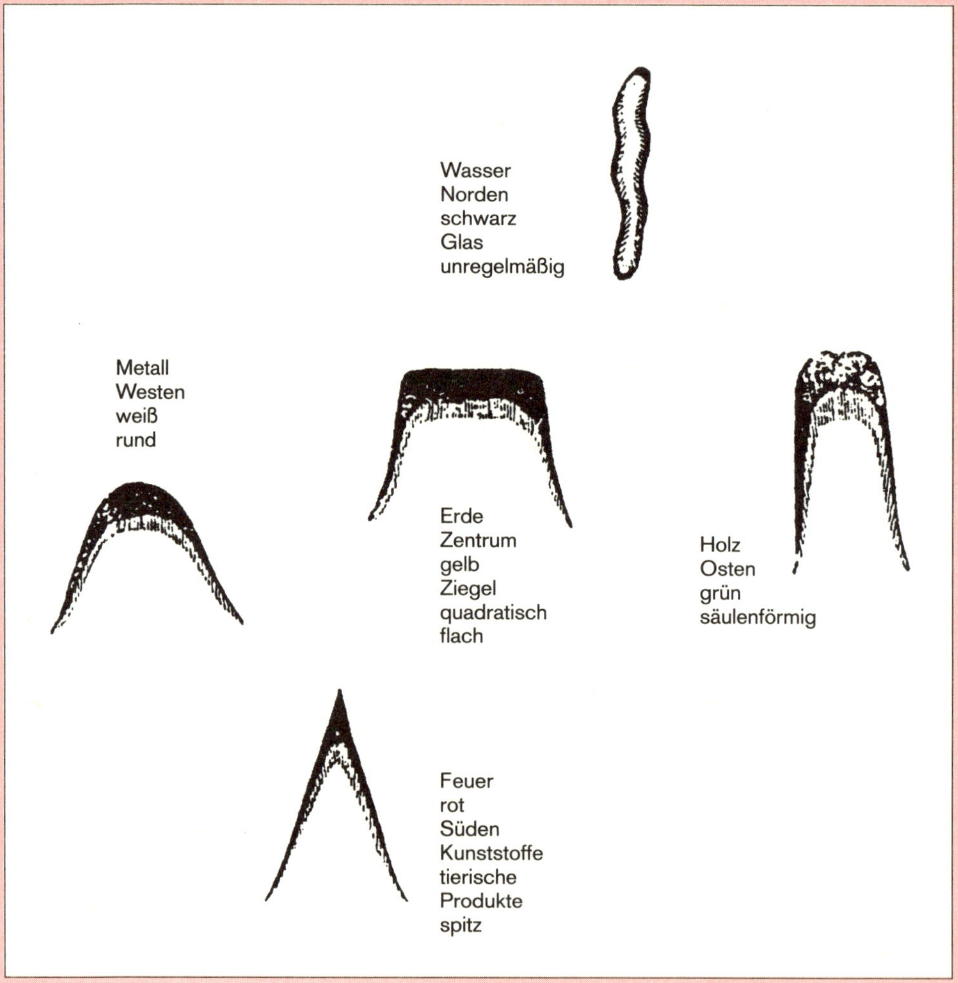

Symbole besitzen die Kraft, die ihnen innewohnende Energie durch Schwingungen abzustrahlen. Menschen, die sich mit der Manifestation gewisser Symbole umgeben, vergewissern sich so deren spezieller Eigenschaften, die sie selbst aufzunehmen wünschen.

Dies kann auf unterschiedliche Art geschehen: Man kann durch die Nachbildung der Form eines Symbols, etwa einer spiralförmigen Treppe im Haus, die der Spirale eigenen Merkmale in seine häusliche Umgebung holen. Eine andere Möglichkeit ist die Abbildung eines Symbols auf Bildern, Fotografien, auch seine Repräsentation durch Skulpturen. Darüber hinaus können wir uns auch durch eine Symbolmeditation auf ganz besondere Weise mit Vitalität erfüllen, wie dies auch bei der Farb- und Lichtmeditation möglich ist.

Die Spirale – Symbol zyklischer Unendlichkeit

Die Spirale besitzt in der Menschheitsgeschichte eine universelle Bedeutung. Sie erscheint in verschiedenen Kulturen und zu allen Zeiten: Der Druidenplatz in Stonehenge ist durch eine Doppelspirale gekennzeichnet; die uralten chinesischen Symbole Yin und Yang greifen spiralförmig ineinander; die Maori tätowieren sich Kopf und Gesicht mit komplizierten Spiralmotiven; auch die christliche Mystik ist von vielfältiger Spiralmotivik durchzogen.

Die Spirale ist eine archetypische Entfaltungsform, die sich auf vielfältigen Ebenen als Ausdruck der elementaren Bildekräfte der Natur manifestiert: als Wasserstrudel

Spirale

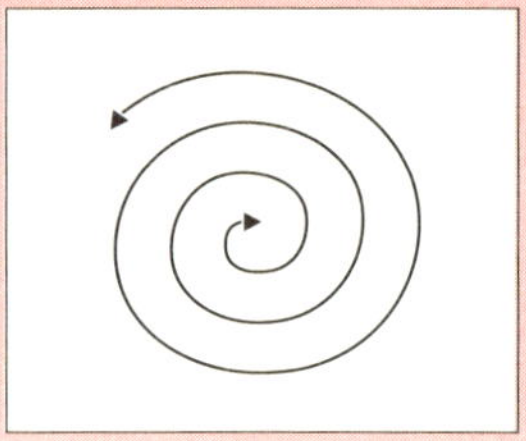

und Luftwirbel, Gehirn oder Muschel, in der Wachstumsanordnung von Blättern.

In ihrer ursprünglichen Bedeutung enthält die Spirale die aufbauenden Kräfte, den Beginn des Lebens – durch ihre Entfaltung vom Zentrum nach außen – ebenso wie abbauende Vorgänge, das Ende des Lebensprozesses, wenn sie von der Peripherie wieder zum Zentrum zurückkehrt.

Unzweifelhaft ist sie ein Symbol der Unendlichkeit: In der zweidimensionalen Spirale finden wir eine Bewegung verbildlicht, die von einem Ursprung ausgeht und in einer anderen Höhe (Weite, Entfernung) zu diesem wieder zurückkehrt. Ausgangs- und Begegnungspunkt aber sind nie identisch, denn die Spirale stellt ein Kontinuum dar. Dessen Enden sind einander entgegengesetzt und doch eins in einem höheren Ganzen. Auch in der zeitlichen Dimension veranschaulicht die Spirale Gegensätzliches, das zusammengehört: Die jahreszeitlichen Zyklen wiederholen sich unaufhörlich, und doch ist ein wiederkehrender Zyklus nie identisch mit dem, den er wiederholt. Im sphärischen Wirbel fallen Außen und Innen, Umfang und Zentrum zusammen. Im zyklischen Prozeß des Werdens und Vergehens spiegelt sich die Spiralbewegung ebenso wider wie im Ein- und Ausatmen (so bedeutsam in der Meditation), wie in der individuellen und kollektiven Evolution des Menschen und seiner Erkenntnisfindung. Das Spiralmandala ist gleichermaßen ein Pfad durchs Universum wie eine Karte des Bewußtseins.

In der Menschheitsgeschichte symbolisiert die Spirale zwei unterschiedlich gerichtete Bewegungen. Wird der Fluß vom Außen zum Innen als die beherrschende Richtung gedeutet, verweist sie auf den Weg ins Zentrum des Lebens, wo sich die allerletzten Geheimnisse entdecken lassen. Je nach Religion und Philosophie kann die umgekehrte Bewegung von innen nach außen das menschliche Streben nach Vereinigung mit dem Göttlichen, das als Transzendentes gedeutet wird, darstellen. In ihrer Dreidimensionalität wird sie als sphärischer Wirbel begriffen, der in seinem Zentrum die gegenläufigen Bewegungen nach innen und nach außen verbindet und in einer Ganzheit überwindet.

Unabhängig von der jeweiligen kulturellen Interpretation und den tieferen Bedeutungsschichten ist die Spirale ein Symbol, das sich in unterschiedlicher Weise in der Natur manifestiert und dem Menschen als Form dient, in der er sich mit der Natur und dem Kosmos, mit seiner Materialität und Idealität auseinandersetzen kann. Nicht umsonst bietet die Spirale wundervolle Möglichkeiten der Meditation und der Versenkung ins eigene Ich. Dank ihrer Form verhilft sie Menschen, die in zu großer Einseitigkeit leben, zu einem inneren Gleichgewicht und zu Harmonie. Gerade auf einseitig intellektuell geneigte Menschen, die sich von ihren Wurzeln stark entfernt haben und die sich kaum mehr auf ihre ureigenen Bedürfnisse und Wünsche besinnen, wirkt sich eine Spiralform in ihrer näheren Umgebung stark ausgleichend und lockernd aus. Die Umsetzung dieser Erkenntnis kann man in Indien finden, wo es Gebäude gibt, deren Inneres sich spiralförmig wie in einem Zukkerhut nach oben windet. Dort nehmen die Menschen in der Mitte des Gebäudes Platz, wo sie sich von der materiellen Welt lösen und tief in eine geistige Dimension eintauchen können.

Umgekehrte Spirale

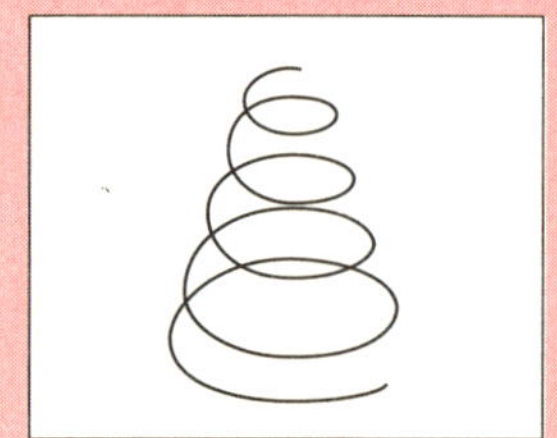

Die umgekehrte Spirale, deren weite Öffnung nach oben und deren Spitze nach unten gerichtet sind, hat ebenfalls eine starke energetisierende Wirkung. Durch sie hindurchfließendes Wasser – oder auch jedes andere Getränk – läßt sich positiv mit Energie aufladen, die dem Menschen, der es trinkt, zugute kommt.

Die Spirale als symbolhafte Form ist in so verschiedenen Bereichen wie der Architektur und dem Schmuck verwirklicht, in der Malerei und der Musik. Spirale ist Gleichgewicht, Balance, Harmonie und sollte in der Umgebung eines jeden Menschen in unterschiedlichen Funktionen und Zusammenhängen repräsentiert sein.

Im Feng Shui findet die Spirale Verwendung, wenn die Energiesituation verbessert, speziell, wenn durch Erdstrahlen bedingtes *Sha* in *Qi* umgewandelt werden soll. Da sie die schöpferischen Kräfte des Aufbaus enthält und gleichzeitig bei Kraftüberfülle zu einer harmonischen Energiereduktion führt, wird die Spirale im Feng Shui zur Kraft- und Energieharmonisierung eingesetzt.

Rätselhafte Weisheit der alten Ägypter: Pyramidenenergie

Immer noch geben uns die steinernen Zeugnisse längst versunkener Kulturen viele Rätsel auf. Die altägyptischen Pyramiden etwa präsentieren sich uns als ein Wunder an Wissen, das uns heutzutage unbegreiflich erscheint und mit tiefer Erfurcht, ja, geradezu mit Scheu erfüllen kann.

Die viele tausend Jahre alte Cheops-Pyramide erfüllt in einem einzigen Gebäude auf unnachahmliche Weise eine Vielzahl komplexer architektonischer und mathematischer Bedingungen. Hier sind die wichtigsten mathematischen und geometrischen Grundzahlen verwirklicht: die Kreiszahl 3,14 ebenso wie die Zahlen des Pythagoras, der Goldene Schnitt, die kosmische Konstante 1,618 (der «Fibonacci-Folge»); sogar das heute noch gebräuchliche Maß 25,4 mm (der englische Zoll) findet in der Pyramidenkonstruktion seine Anwendung. Dies allein wäre schon Grund genug, voller Verwunderung und Hochachtung auf diese Kunstwerke zu schauen. Das eigentlich Interessante an der Pyramide aber besteht darin, daß sie kraft ihrer Form in der Lage ist, Energie zu generieren. Tatsächlich findet man im oberen wie im unteren Drittel der Pyramide extreme Energiekonzentrationen, wobei die höchsten sich direkt unter ihrer Spitze befinden. Hier ist ein wichtiges observatorisches Zentrum, das daher auch vergoldet ist.

Auch wenn uns die letzten Tiefen des altägyptischen Wissens noch verschlossen sind, können wir dennoch Energie und Kräfte bestimmter Kraftorte für uns nutzen. Es hat sich nämlich gezeigt, daß die Pyramide durch

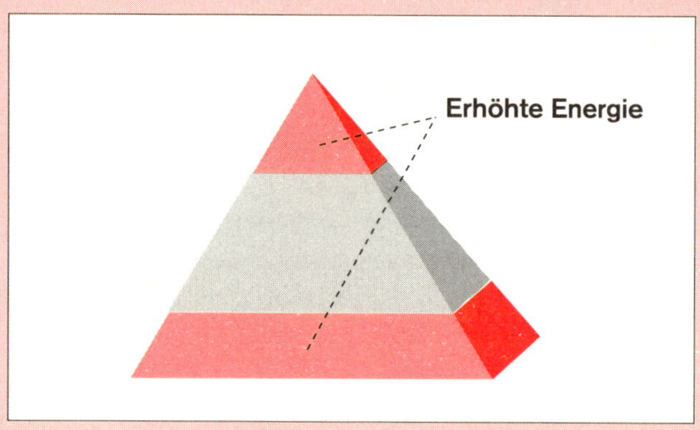

Pyramide: Energieverteilung

ihre Form, nicht unbedingt durch die Größe oder das Material, Kraft zu erzeugen vermag. So kann man sich Energie von Pyramiden auch durch deren Nachbildungen verfügbar machen.

Wichtig ist hierbei, daß die Pyramide an einem störungsfreien Ort und mit einer Grundlinie genau in nordsüdlicher Richtung steht. Allerdings gilt, daß von einer größeren Pyramide mehr Kraft ausgeht als von einer kleineren. Die Energieaufladung unter einer Pyramide läßt sich mit Hilfe der Kirlianfotografie nachweisen. Hierbei werden mittels hoher Frequenzen bioenergetische Strahlungsfelder, wie zum Beispiel die Aura eines Körpers, fotografisch festgehalten. Ein besonders eindrucksvolles Experiment mit Pyramidenenergie besteht darin, Nahrungsmittel mit geringer Lebensenergie, zum Beispiel nach einer Mikrowellenbestrahlung, anschließend unter eine Pyramide zu stellen und zu beobachten, wie nachweislich «tote» Lebensmittel wieder Lebenskraft erhalten. Mit einer Pyramidenform kann man auch die eigene Körperenergie aufladen, indem man eine Zeitlang die Hände und Füße über der Spitze hält, wenn man sich erschöpft fühlt. Nach spätestens zwanzig Minuten ist die Energieaufladung beendet, und man kann sich möglicherweise noch einmal einer kraftzehrenden Arbeit zuwenden.

Das Kreuz

Das Kreuz (lateinisch: *crux*) besteht aus zwei sich zumeist rechtwinklig, manchmal auch schräg schneidenden Balken. In der Natur kommt das Kreuz in vielfacher Weise vor: Es findet sich im Blütenstand der Kreuzblütler, in der Skelettstruktur vieler Lebewesen und in besonders reiner Form als Strukturprinzip von Kristallen. Als Symbol steht das Kreuz in einer uralten Tradition, in der erst relativ spät das bekannteste Kreuz – das christliche – erschien. Die Ursprünge der Idee vom Kreuz (X, +) lassen sich bis in die Steinzeit zurückverfolgen, und in der Menschheitsgeschichte taucht es in ganz verschiedenen Erdteilen und Kulturen immer wieder auf.

Es gibt das griechische, das lateinische (auch Hoch- oder Passions-Kreuz genannt), das Malteser-Kreuz, das Antonius-Kreuz, das Andreas-Kreuz, das Jerusalem- und das Anker-Kreuz, das Krücken- und das Doppelkreuz,

Kreuzformen

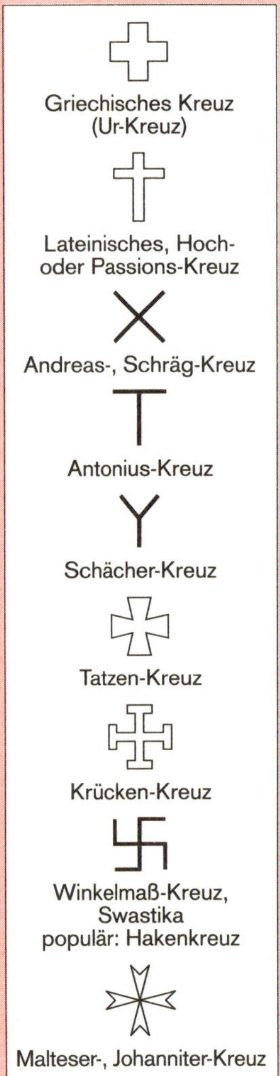

das russisch-orthodoxe und das Winkelmaß-Kreuz (Swastika), letzteres auch als Hakenkreuz bekannt. Geläufig sind uns auch das Rote, Blaue und Weiße Kreuz. Die christlichen Orden besitzen eigene Kreuzformen, etwa das Brabanter Kreuz, das Deutsche Kreuz, das Kreuz des Ordens zum Heiligen Kreuz, das Kreuz des Kurhessischen Ordens vom Eisernen Helm oder das Kreuz des Maria-Theresien-Ordens. Hiermit sind die unterschiedlichen Kreuzformen noch längst nicht erschöpfend aufgezählt.

Seine symbolische Bedeutung bezieht das vorchristliche Kreuz aus einer doppelten Zahlenmystik: In der gegenläufigen Bewegung aus horizontaler und vertikaler Richtung vertritt es die Idee der Zweiheit und symbolisiert damit die Verbindung von Himmel und Erde, Leben und Tod, Mann und Frau; zudem steht es für die Idee der Vierheit, etwa der Jahreszeiten, der Himmelsrichtungen, der Elemente... Insofern ist das Kreuz Ausdruck einer Sublimation: Erst als Symbol erhielt es für den Menschen seinen Wert. Das Kreuz ist Ausdruck einer menschlichen Entwicklung, die weit vorangeschritten ist. Und es scheint in tiefensymbolischer Hinsicht nur folgerichtig zu sein, daß Jesus an einem Kreuz gestorben ist, das dann Ausdruck der übermenschlichen Liebe und Selbstopferung im Dienste an der Menschheit wurde. Im Christentum ist das Kreuz zum Sinnbild der Leiden Jesu, ja, zum Symbol Jesu selbst geworden.

Wenn wir uns mit dem Kreuz umgeben – als Anhänger um den Hals, als Bild oder Wandsymbol –, nehmen wir mit seinen Schwingungen aufgrund seiner vielfältigen Traditionen sehr unterschiedliche Kräfte auf. So kann es uns mit der Stärke Christi ebenso erfüllen wie mit einem Gefühl des Mutes und tiefer Freude. Auch vermittelt es Würde. Das Kreuz steht ebenfalls für Hoffnung, Zuversicht und Klärung. Das Kreuz als Plus-Zeichen (+) vermittelt unantastbare göttliche Kraft.

Das Ankh-Kreuz

Eine weitere altägyptische Kraftquelle, die wir für unser Leben sinnvoll nutzen können, ist das Ankh-Kreuz, ein häufig vorkommendes Symbol, das sich auf den Wandreliefs in den Pyramiden findet.

Ankh-Kreuz

Ankh bedeutet: der vollkommene Mensch. Bei den Druiden galt das Ankh-Kreuz als Heilungsstab. Die Heilungsfunktion bezieht es aus der genauen Anordnung der Balken. Es symbolisiert Frieden, Glück, Zufriedenheit, zukünftiges Leben. Gleichzeitig sind in ihm das Weibliche (im oberen runden Teil) und das Männliche (im unteren gestreckten Teil) enthalten und beide Bereiche durch den sie verbindenden Querbalken zu einer Einheit verschmolzen. Eine zweite Bedeutungsschicht umfaßt den Bereich des unterägyptischen Nildeltas (oberer Teil), des oberägyptischen Nils (unterer gerader Abschnitt) sowie – durch beider Verbindung – ein großes vereinigtes ober- und unterägyptisches Reich.

Wie bei der Pyramide liegt die Besonderheit des Ankh-Kreuzes in seiner starken Energieschwingung, die der energetischen Optimalsituation einer Ionisierung von vier Minusanteilen gegenüber einem Plusanteil nahekommt. Jedenfalls läßt sich in Räumen mit starker Ankh-Symbolik eine Minuspolarisierung der Ionen in der Luft sowie eine feinstoffliche Strahlung feststellen, die für die menschliche Grundvitalität ausgesprochen förderlich ist und dem See- oder Hochgebirgsklima entspricht. Es ist wichtig, eine hervorragende Legierung zu verwenden. Und: Die Konturen des Ankh-Kreuzes dürfen nicht scharfkantig sein.

Wie bei der Pyramide führt auch hier die besondere Form zu der speziellen energetischen Situation. Das heißt, daß sich in einem Raum, in dem sich ein Ankh-Kreuz befindet (oder Reproduktionen davon), innerhalb kurzer Zeit ein bekömmliches Klima der Minuspolarisierung und gehobener Energie einstellt.

Das Licht

Das Licht ist ein vielstudiertes Phänomen, dem schon bei den alten Ägyptern eine besondere Bedeutung zukam. Die Baumeister von Pyramiden und Tempeln benutzten Lichtbündel, die entweder durch ausgeklügelte Einfallwinkel oder durch Konkavspiegel so gelenkt wurden, daß ihr Auftreffen auf bestimmte Objekte, Wände oder Statuen zeitlich im Einklang stand mit festgelegten Momenten, denen symbolische Bedeutung zukam.

In der christlichen Architektur des hohen Mittelalters dienten Fenster, die man ständig erweiterte, in den gotischen Kathedralen dazu, möglichst viel Licht im Kirchenschiff einzufangen und auf zentrale Punkte zu lenken, als sakraler Ausdruck von Gottes Allmacht, Schöpferkraft und himmlischer Liebe.

In der Aufklärung galt Licht als Medium der Vernunft und Klarheit. Zu allen Zeiten – und dies gilt heute mehr denn je – wurde Licht als Ausdruck für Leben, Kraft und Dynamik betrachtet, ganz im Gegensatz zur Düsternis und Dunkelheit, die man mit den Kräften des Bösen, mit Enge, Elend und Krankheit gleichsetzt. Seit Beginn dieses Jahrhunderts sind Helligkeit und weitestmöglicher Lichteinfall das architektonische Prinzip für viele Sanatorien, damit das Licht die Genesung zu unterstützen hilft. Für die körperliche, geistige und seelische Gesundheit ist Licht unerläßlich.

In unserer Wohnung sollten wir für großzügige Beleuchtungsmöglichkeiten sorgen, für viele Lichtquellen, die wir je nach Bedürfnis regulieren können. Aber alle technischen Errungenschaften können die wunderbaren, heilsamen Kräfte des Sonnenlichts nicht annähernd ersetzen, auch wenn man sich weiterhin um Annäherung von künstlichem an natürliches Licht bemüht. Wichtig ist daher, daß wir in unserer Wohnung über größtmöglichen Lichteinfall von außen verfügen. Große Fenster, wenn möglich zwei an benachbarten Wänden in einem Zimmer, erleuchten dieses gründlich und sorgen für eine gute, freundliche, gesunde Raumatmosphäre. Lichteinfall von oben spiegelt die natürliche Ordnung wider und läßt sich architektonisch durch

Treppenschächte verwirklichen, ebenso in Räumen des oberen Stockwerks. Auch wenn das Licht durch Milchglasscheiben eindringt, entfaltet es seine wohltuende Wirkung.

Ein düster beeindruckender Beweis für die vitalen Funktionen des Lichts für den Menschen findet sich in den Selbstmordraten der skandinavischen Länder, die in schrecklicher Weise in den Wintermonaten hochschnellen, wenn nämlich die Nächte so lang sind, daß es nur wenige Stunden am Tag draußen überhaupt hell ist. Daraus ergibt sich, daß man alle Möglichkeiten ausschöpfen sollte, so lange und so viel Licht wie möglich in sein Haus oder seine Wohnung zu lassen. Schon beim Entwurf des Hauses sollte man darauf achten, daß die Fenster so liegen, daß sie so früh wie möglich morgens im Osten Licht ins Haus bringen und abends entsprechend so lange wie möglich die letzten Sonnenstrahlen des Tages einfangen.

In dunklen Wohnungen mit kleinen oder zum Norden hinaus gelegenen Fenstern helfen Spiegel sowie alles, was Licht reflektiert, etwa besonders helle Wand- und Möbelfarben.

Licht ist Leben, nicht nur physisches, biologisches, sondern auch seelisches, inneres Leben. Ohne Licht – das äußere wie auch das innere – könnten wir Menschen nicht existieren. Wir empfangen das Licht, nehmen es in uns auf und geben es unsererseits in unterschiedlicher Form wieder ab. Wir transformieren äußere Strahlen –

hauptsächlich Sonnenstrahlen – und speichern sie in uns, wo sie als Energiestrahlen fortwirken.

Die Natur um uns herum geht nicht anders vor: Sie sammelt die Kraft des Lichtes auf vielfältige Weise – in erster Linie durch das Wasser, dessen Transparenz es zu dem idealen Medium für das Sonnenlicht und seine Kraft macht. Aber auch in Mineralien, Edelsteinen und den daraus gewonnenen Elixieren und homöopathisch potenzierten Mitteln, in Heilerde, Pflanzen, Wurzeln, Blüten, sogar in Mooren, Salz- und Mineralbädern strahlt konzentrierte Lichtkraft.

Licht ist in unserem Lebensumfeld eine wesentliche Voraussetzung für körperliche und seelische Harmonie. Nicht nur sollte unsere Wohnung lichtdurchflutet sein, sondern wir sollten uns auch bemühen, es den Blumen nachzumachen und der Sonne im Laufe des Tages zu folgen und uns mit ihrer lebensbejahenden Kraft zu füllen. Denn auch das innere Licht, die Ausstrahlung eines frohen, warmen Menschen, bedeutet Harmonie für ihn wie auch für die, mit denen er zusammenkommt.

Das Wort

«Am Anfang war das Wort, und das Wort war bei Gott, und das Wort war Gott.» (Johannes 1,1)

Jedem Wort liegt ein Gedanke zugrunde. All unsere Gedanken und Worte sind Schwingungen, die in ständiger Wechselwirkung zueinander stehen. Auch nach außen teilen sich diese Schwingungen mit. Deshalb ist es von großer Bedeutung, daß man positiv denkt. Der positive Gedanke teilt sich als Strahlung anderen ebenso mit wie das positive gesprochene Wort.

Heiler, Heilpraktiker und Ärzte wissen um diese positive Kraft des Wortes, die sogar zu Spontanheilungen führen kann. Wir alle kennen die anspornende Wirkung eines Lobes. Schulkinder bringen bessere Noten und gehen mit mehr Freude zur Schule, Erwachsene leisten mehr in der Arbeitswelt, wenn durch aufbauende und lebensbejahende Worte eine durch harmonische Schwingungen geprägte Atmosphäre um sie herum entsteht. Asthmaanfälle kommen nachweislich in einer solchen Umgebung weniger häufig vor.

Andererseits können negative Gedanken und Worte Krankheiten und Depressionen auslösen. Eine Kränkung entsteht meist durch ein negatives Wort. «Kränken» kommt von «krank machen».

Wir sollten uns immer bewußt sein, daß das, was wir ausstrahlen, letztlich zu uns zurückkehrt. Mit positiven Gedanken tun wir nicht nur unserer Umwelt Gutes, sondern auch uns selbst.

An dieser Stelle möchte ich eine Reihe von Worten vorschlagen, die zu Schlüsselworten unseres Vokabulars werden sollten:

Stärke – stärkend; Freude am Leben – lebensbejahend; Mut – ermutigen; Kraft – kraftvoll; Kreativität – kreativ, anregend;

Harmonie – harmonisch; Wärme – erwärmend; Liebe – liebevoll; Freunde – freundlich, fröhlich; Aufbau – aufbauend; Licht – lichtvoll.

Wegen der schlechten rückwirkenden Ausstrahlung – auf Sie und mich – unterlasse ich es, Beispiele für unbedingt zu vermeidende negative Worte aufzuführen. Man sollte sich allerdings immer über ihre schädlichen Wirkungen im klaren sein. Insbesondere sind dies als Reaktion

– auf unhöfliche Worte:
alle Krankheiten und Symptome, die mit Verhärtung einhergehen: verhärtete Arterien, Gefäße, Gelenke und Muskeln; eine negative Beeinflussung der Leber und der Augen;

– auf ständig kritisierende Worte:
Verkrampfungen, rheumatische Erscheinungen, Entzündungen der Gelenke und Muskeln, Knochenschmerzen und Herzsensationen;

– auf vorwurfsvolle und anklagende Worte:
Erkältungen und Katarrhe, Bronchitis, nervöse Herz- und Schilddrüsenstörungen, Wucherungen, Kropf;

– auf herrschsüchtige und unterdrückende Worte:
Krämpfe aller Art, Asthma, Beengung, Halsschmerzen.

Wenn man auf Dauer unzufriedenen, nörgelnden, kritisierenden Worten ausgesetzt ist, kann einem buchstäblich das Lachen vergehen. Viele Trennungen, Zwistigkeiten, Scheidungen und Depressionen entstehen auf diese Weise. Partnerschaften, die durch überwiegend negative Kommunikation geprägt sind, erweisen sich schon bald als seelisch wie auch körperlich krankmachende Beziehungen.

Jeder Mensch sehnt sich nach sonnigen, harmonischen, friedlichen und kraftvollen Worten. Aus dieser Sehnsucht heraus sollten wir unsererseits durch entsprechende Gedanken und Worte positive Schwingungen ausstrahlen. So ermutigen, beleben wir andere und uns und regen zu Höchstleistungen an. Wenn es uns gelingt, Herzenswärme zu vermitteln, erhalten wir diese tausendfach zurück.

Weitere für unser Leben wichtige Symbole

Kreis

Der *Kreis* ist das Symbol der Vollkommenheit, des Himmlischen, der Unendlichkeit. Er hat eine mächtige Ausstrahlung und kann Winkel und Ecken in der Natur neutralisieren. Die falsche Kreuzform an Fenstern und Türen (s. S. 115ff.) wird häufig von den Menschen intuitiv aufgehoben, indem sie runde Kränze davor hängen. Der Kreis stabilisiert, läßt die Menschen zu sich finden, läßt sie sich und die anderen in gleicher Weise akzeptieren. Die Geste des Umarmens und Umfangens ist rund, daher handelt es sich um ein ursprüngliches Symbol der behütenden, schützenden Beziehung zwischen Menschen. Die Schutzfunktion des Kreises zeigt sich auch in dem alten Symbol des magischen Bannkreises. Das Mandala ist ursprünglich die indische Bezeichnung für Kreis, ein früh benutztes Meditationssymbol, in dem der Widerspruch zwischen Ganzem und Einzelnem, Kosmos und Individuum aufgehoben wird und die Seele zur Ruhe kommt.

Dreieck

Das *Dreieck* hingegen symbolisiert Wandlung, Geist und Erkenntnis. Mit der nach oben gerichteten Spitze («männliches Dreieck») wird es häufig mit dem Feuer assoziiert, der Kraft des Lichtes und der Wärme – ein lebenserhaltendes Element, das sich aber auch in sein Gegenteil, in eine verzehrende und zerstörende Macht verkehren kann. Ist seine Spitze nach unten gerichtet («weibliches Dreieck»), symbolisiert es nach alchemistischer Vorstellung Wasser, Kälte und Feuchtigkeit.

Das Dreieck ist symbolisch gesehen auf sehr unterschiedliche Weise bedeutsam: Es ist zum einen ein uraltes Zeichen für die vielgestaltige Weiblichkeit, wie sie sich in unterschiedlichen Göttinnen zeigt – der Frühlingsgöttin Persephone, der Erdgöttin und Mutter Demeter und der Todesgöttin Hekate. Zum anderen ist es eine Form, die eine starke Spannung enthält. Jeder Schenkel drückt sich gegen den anderen in einem heiklen, ständig gefährdet wirkenden Gleichgewicht. Als Beziehungsproblem ist die Spannung sogenannter «Dreiecksverhältnisse» auch im zwischenmenschlichen Bereich bekannt, wo meist zwei Teile das Übergewicht über das dritte innehaben. Um in einer Dreiecksbeziehung eine dauerhafte Ausgeglichenheit und Harmonie zu erhalten, ist ein ständiger subtiler Balanceakt erforderlich. Daher ist das Dreieck ein wertvolles Symbol, mit dem man sehr bewußt und vorsichtig umgehen sollte.

Als christliches Symbol ist es nicht weiblich, sondern dem dreieinigen Gott von Vater, Sohn und Heiligem Geist zugeordnet. Zwei verschoben übereinander gelegte Dreiecke bilden den sogenannten Davidsstern, das Symbol jüdischer Tradition. Dieser vereinigt zwei Dreiecke, die jedes für sich eher Unruhe ausstrahlen, zu einer vollendeten Harmonie und Ausgewogenheit. Hier werden Gegensätze ausgeglichen – Körper und Geist, Männliches und Weibliches –, hier setzen sich Ruhe und Frieden gegenüber Unruhe und zeitlichem Wandel durch.

Quadrat

Ein vielleicht noch deutlicheres Symbol für Stabilität in der Bewegung ist das gleichschenkelige Viereck, das *Quadrat*. Mit seinen vier Seiten steht es für Geschlossenheit und Umgrenzung – und natürlich hat es, wie das Kreuz, einen engen Bezug zur Zahl Vier. Aber es ist weniger geheimnisvoll und stärker erdverbunden als das Kreuz. Die quadratische Form gibt dem Menschen Sicherheit, eine tiefe Verwurzelung mit seiner Heimat. Pioniere und Landeroberer steckten sich in der Neuen Welt quadratische Grundstücke ab, in denen es ihnen leichter fiel, ihr Land wirklich in Besitz zu nehmen.

Im Gegensatz zum Kreis steht das Quadrat für das Irdische. Es drückt dessen Beständigkeit aus, aber auch das gleichzeitige Streben nach dem Himmlischen. Im Quadrat nähert sich Gott den Menschen, findet eine

Annäherung der himmlischen an die irdische Sphäre statt.

Achteck

Im Feng Shui ist das *Achteck* von besonderer Bedeutung. Seinen Ursprung hat es im I-Ging. Es gilt als außergewöhnlich kräftiges Mittel, um *Sha* abzuwehren. Verwendung findet es in China besonders in der Form des Eßtisches, wo seine symbolische Kraft der gesamten Familie, die sich dort versammelt, zugute kommt. Auch Spiegel und Bilder dieser Form finden sich immer wieder, ebenso wie Lampen.

Baum

Nicht nur in der chinesischen Elementenlehre kommt dem *Baum* eine besondere symbolische Bedeutung zu. In den meisten Kulturen repräsentiert er Leben, Wachsen, Beständigkeit. Er vereinigt in sich drei verschiedene Sphären: Durch die tief in die Erde reichenden Wurzeln stellt er eine Verbindung zwischen Erde und Himmel dar, durch den Stamm zwischen Wurzeln und Krone eine klare Gerichtetheit zwischen oben und unten. Zu den Eigenschaften und Assoziationen des Baumes gehören auch Regeneration, Glück und Gesundheit. Häufig dient er als Bild für den «Lebensbaum» eines Menschen, einer Familie oder gar der Menschheit.

Blume

Blumen symbolisieren die Freude am Leben, das Leben und Wachsen im Kleinen. Sie sind durch Schönheit und Zartheit gekennzeichnet, durch Entfaltung und Entwicklung, durch schöpferische Energie. Die Bachblütentherapie basiert auf der enormen Potenz der Energieschwingungen, die in den Tautropfen auf Blumen und

Blüten wirken. Daß Blumen starke Symbolkraft besitzen, zeigt sich daran, daß den verschiedenen Arten ein jeweils unterschiedlicher Symbolgehalt zu eigen ist. Die Rose ist das klassische Symbol für Liebe, die Lilie für Königtum, auch Tod, und natürlich gibt es eine Symbolik von Blumen mit sprechenden Namen wie Vergißmeinnicht, Männertreu.

Fisch

Ein weiteres kulturübergreifendes Symbol ist das des *Fisches*. Es steht für Fruchtbarkeit, Wohlstand, Erneuerung. Gemäß seinem Lebenselement verweist der Fisch auch auf die reinigende und nährende Kraft des Wassers. Er nimmt besonders im Christentum eine besondere Stellung ein, wo er in enger Beziehung mit Gottes Sohn gesehen wird und für Taufe und Ewigkeit steht. Weiterhin versinnbildlicht der Fisch einen anderen Aspekt: den der schnellen Bewegung, Veränderung und des Loslassens von Altem, um sich Neuem zuzuwenden.

Sprossen

Eine Verbindung zwischen dem Baum- und dem Kreuzsymbol stellt das Symbol der *Sprossen* einer Leiter dar. Es bezieht sich auf den Lebensbaum als Bindeglied zwischen verschiedenen Bereichen. So stellt es eine Einheit her zwischen Himmel und Erde, zwischen Körper und Geist, auch zwischen Dauerhaftigkeit und Veränderung, insbesondere im Sinne geistiger Wandlung.

Victory

Das *Victory-Zeichen*, das zwischen zwei erhobenen Fingern entstehende V, ist mehr als nur der zufällige Anfangsbuchstabe des englischen Wortes für «Sieg». Es symbolisiert darüber hinaus das Ende der Dunkelheit, des Todes, der Unwissenheit und Sklaverei und signalisiert den Aufbruch in eine neue Ära, die gekennzeichnet ist durch Freiheit, Licht, Spiritualität und Leben.

Musik

Musik und Ton gehören zu den Grunderfahrungen des Menschseins. Gerade die Musik lebt in besonderer Weise durch Schwingungen und kommuniziert so mit den unsichtbaren Schichten in uns. Es gibt Klangmelodien, die auf die individuellen Lebensenergien eines Menschen eingehen und gut mit ihnen harmonieren. Solche Melodien eignen sich hervorragend zur Meditation, wenn man sich näherkommen will, seinen eigenen Mittelpunkt sucht. In der Meditation mit Licht und Ton können wir die «Sphärenmusik», den «Chor der Engel» oder einfach «göttliche Töne» hören.

Harmonische Musik symbolisiert Heiterkeit, Ausgeglichenheit, innere Heilung, auch Rhythmus, Schwingen und sogar das Fliegen, das Sich-Erheben aus den Fesseln irdischer Materialisation.

Geopathische Bereiche

So wie es Kraftpunkte und Kraftlinien gibt, deren Energie seit Jahrtausenden von den Menschen für besondere Kraft- und Kultorte gesucht und genutzt wurde, so gibt es andererseits pathogene Störzonen, von denen auf den Menschen negativ wirkende Strahlen ausgehen, die man besser meiden sollte.

Unser ganzes Leben besteht aus Schwingungen unterschiedlicher Frequenzen, die natürlichen Ursprungs sind und von der Erde unter uns, von Planeten und von allen Dingen in unserer Umgebung ausgehen – sowie in zunehmendem Maß leider auch von elektrischen Geräten, deren Strahlungen stören und sogar krankmachen können. In natürlicher Dosierung regen Strahlen das Wachstum und die Entwicklung an und können selbst heilend wirken. Erst in unnatürlich hoher Dosierung wird die körperliche Auseinandersetzung mit Strahlenreizen zu einem gefährlichen Kampf, wie man dies von der Wirkung großer Mengen freiwerdender Radioaktivität nach nuklearen Prozessen weiß. Aber auch in kleinerer Menge kann Strahlung durchaus den Körper schädigen, wenn man beispielsweise über einen längeren Zeitraum vor dem Fernseh- oder Computerbildschirm sitzt.

Negative Strahlungen aus der Erde unter uns haben unterschiedliche Ursachen. Sie können durch Wasseradern, aufgrund von im Erdinnern erzeugter Radioaktivität, durch Erdverwerfungen – Stellen, an denen die Erdkruste sich gegeneinander verschoben hat –, auch durch Erze und Mineralien oder Erdöl- oder -gasvorkommen oder infolge elektromagnetischer Felder entstehen. Auf Dauer können sie einen Körper schädigen, ihm seine Kraft und Energie entziehen, ihn krankmachen. Im Gegensatz zu den Kraftorten, von denen eine energetisierende Strahlung ausgeht, spricht man hier von pathogenen Störzonen, die Energie abzapfen und den Organismus schädigen.

Neben den von Wasseradern ausgehenden pathogenen Erdstrahlen gibt es Gitterstrukturen erdmagnetischen Ursprungs. Hier wären das Hartmanngitter oder das Zehnmetergitter zu nennen. Auch wird in der einschlägigen Literatur immer wieder auf das nach seinem Entdecker benannte, erstaunlich gleich- und regelmäßige «Currynetz» verwiesen, das aus ungefähr 21 Zentimeter breiten Streifen gebildet wird, die im Abstand von zweieinhalb Metern diagonal in beiden Richtungen zur Nord-Süd-Achse verlaufen. Vermutlich entstehen sie durch radioaktiven Zerfall im flüssigen Magma des Erdinnern. Allerdings sind die einzelnen Theorien zu geopathischen Gittern nicht unumstritten[2].

Ist man längere Zeit der Wirkung dieser Strahlung ausgesetzt, verliert man soviel Energie, daß man apathisch und desinteressiert wird und sich aufs äußerste erschöpft fühlt. Besonders ungünstig ist es, wenn man auf einer solchen Stelle schläft, denn dieser Schlaf ist

[2] So bestreitet der «Arbeitskreis Geopathologie» die Existenz des Currynetzes und erklärt Phänomene, die als Currynetzstreifen gedeutet werden, als Reflexe. Siehe hierzu den Artikel «Diagnose: Geopathie», in *Fachkombi,* Heft 3/94, S. 14ff.

nicht erholsam, und man fühlt sich morgens wie gerädert, selbst wenn man die ganze Nacht geschlafen hat. Solche Stellen im Haus lassen sich mit der Wünschelrute aufspüren. Ein einfaches, wenngleich wirkungsvolles Mittel besteht für Hundebesitzer darin, zu beobachten, welchen Schlafplatz sich das Tier sucht beziehungsweise wohin es sich tagsüber gerne zurückzieht. Sein Besitzer sollte dem Schlafkorb dort einen festen Standort geben, wo der Hund sich selbst seinen Platz gesucht hat. Hunde sind übrigens zuverlässigere Indikatoren für die Strahlenintensität an einem bestimmten Ort als Katzen.

Desgleichen zeigt auch eine Pflanze an, ob sie an einer radiästhetisch bedeutsamen Stelle im Haus steht. Wenn sie prächtig gedeiht, können Sie sicher sein, daß sie auf einem Ort steht, der positive Energie abstrahlt, möglicherweise sogar auf einem Kraftort. Dort sollte die Pflanze allerdings nicht dauerhaft stehen, da die Energie zu intensiv sein kann. Bemerken Sie hingegen, daß eine Pflanze trotz bester Pflege vor sich hinwelkt und klein und kümmerlich bleibt, so suchen Sie für sie eine andere Stelle, und meiden Sie den ersten Stellplatz allgemein.

Einige praktische Überlegungen zu Materalien

In heutiger Zeit stehen einem Bauherrn alle möglichen Baustoffe zur Verfügung, auch solche, die nicht aus seiner eigenen Umgebung kommen. Es gilt also zu entscheiden, welche Baustoffe für die eigenen Bedürfnisse und die der Umgebung sinnvoll sind.

Der ökologische Aspekt sollte meiner Meinung nach bei der Auswahl von Baustoffen eine bedeutende Rolle spielen. Dabei ist dreierlei wichtig: Der Baustoff sollte

- mit möglichst geringer Energieaufwendung sowie ohne Freisetzung umweltschädigender Schadstoffe hergestellt worden sein,
- seinerseits ein gesundes Wohnklima erzeugen und
- langfristig energiesparend wirken.

Nach neuesten Wärmeschutzverordnungen ist ohnehin nur noch der Bau von sogenannten Niedrigenergiehäusern erlaubt. Das heißt, Häuser müssen so wärmedämmend gebaut sein, daß der k-Wert von Außenwänden höchstens 0,5 bis 0,3 betragen darf (der k-Wert mißt die durch die Wände entweichende Wärme und sollte natürlich so niedrig wie möglich sein).

Grundsätzlich gilt, daß ein Material, je leichter und luftiger es ist, desto besser dämmt. Auch begünstigt relativ poröses Material die Diffusion vom Raumfeuchtigkeit. Allerdings wirkt sich eine geringe Baustoffdichte ungünstig auf den Lärmschutz aus, der seinerseits bei stärkerer Rohdichte gegeben ist. Wofür auch immer man sich entscheidet: Ganz wichtig ist eine gewissenhafte Verarbeitung. Das beste Dämmaterial hilft wenig, wenn die Fugen nicht dicht sind oder sonst schlampig gearbeitet wurde.

Baustoff Holz

Ein ökologisch sinnvolles und darüber hinaus warmes, eben wärmedämmendes Material ist *Holz*, ein natürlicher Baustoff, der relativ energiearm produziert wird. Dank moderner Leimbinder läßt sich Holz auch über große Spannweiten, etwa unterm Dach, verwenden. Zum Innenausbau eignet sich Kiefer besonders gut, für außen das recht wetterfeste Lärchenholz. Für konstruktive Teile empfiehlt sich natürlich das Hartholz Eiche, das nach dem Einbau nicht mehr so lange «arbeitet» wie beispielsweise Kiefer oder Lärche. Weil Holz als Material noch nachlebt, ist es wichtig, es in getrocknetem Zustand zu verwenden. Zwar gibt es die Möglichkeit, seine Feuchtigkeit bis zu einem Fünftel in Heißluftöfen künstlich herunterzutrocknen, die solidere, wenngleich teurere Methode besteht aber natürlich darin, das Holz nach dem Schlagen mindestens ein Jahr ruhen zu lassen, damit sich die Nässe darin nicht staut.

Bei der Verwendung von Holz ist das Know-how äußerst wichtig. Wenn man es richtig einbaut, so daß es vor Nässe geschützt ist, braucht man keine chemischen und gesundheitsschädigenden Schutzanstriche. Natürliche Pflegemittel wie Wachs oder eine Lasur für innen und Lasuren für außen reichen dann völlig als Holzschutzmittel aus.

Baustoff Lehm

Lehm gilt derzeit als der ökologischste Baustoff, als ein Naturmaterial, in dem man gesund leben kann. Lehm ist der ideale Luftfeuchtigkeitsregler, was besonders für die empfindliche Haut von Allergikern bekömmlich ist. Er ist feuersicher und hat zudem die erfreuliche Eigenschaft, unangenehme Gerüche aus der Küche oder auch Zigarettengeruch zu binden. Allerdings sollte seine Verarbeitung und Verwendung dem Fachmann überlassen werden, zumal die Sonne in unseren Breiten nicht unbedingt schnelles Trocknen garantiert. Auch ist es wichtig, diesen Werkstoff im richtigen Verhältnis mit Stroh zu mischen, um Schimmelbildung zu vermeiden. Wenn Lehm feucht wird, verliert er seine Fähigkeit, ein gesundes Raumklima zu erzeugen. Seine an sich positive Wirkung kann sich dann sogar ins Gegenteil verkehren.

Baustoff Ziegel

Ein weiterer Baustoff, der Wärme und Behaglichkeit ausstrahlt, ist *Ziegel*, der bei Temperaturen zwischen 800 und 1300 Grad aus den Naturprodukten Lehm und Ton gebrannt wird. Ziegelsteine sind gute Wärmedämmer, die darüber hinaus eine zu hohe Raumfeuchtigkeit ausgleichen können. Für Außenwände nimmt man die frostbeständigen, dampfdichten Klinker und Vormauerziegel. Der häufigste Einwand gegen Ziegel kommt von den Ökologen, da beim Brennen der Steine Giftgase entstehen. Allerdings werden heutzutage immer häufiger Rauchgasreinigungsanlagen in den Ziegeleien verwendet, wodurch sich die Produktion umweltschonender gestaltet.

Baustoff Kalksandstein

Der weiße *Kalksandstein*, der aus Kalk, Quarzsand und Wasser vermischt und unter hohem Dampfdruck gehärtet wird, speichert ausgezeichnet Wärme, besitzt aber kaum eine eigene Wärmedämmfähigkeit und muß daher zusätzlich gedämmt werden. Er ist ein guter Schalldämmer. Der Dampfdruck, der Kalksand zu einem äußerst harten Stein macht, belastet allerdings die Luft mit Umweltgiften. Wie alle harten Materialien ist auch dieser Stein schwer zu bearbeiten, und man muß in die Wände bohren, um etwas an ihnen zu befestigen.

Baustoff Beton

Mit *Beton* als Baumaterial sollte man möglichst zurückhaltend umgehen. Beton ist ein feuchtigkeitsanziehendes Gemisch aus Kies, Sand, Wasser und Bindemitteln, das unter hohem Energieaufwand hergestellt wird, wobei auch erhebliche Schadstoffemissionen anfallen können, wie zum Beispiel durch Cadmium und Blei. Bei Zusammensetzungen mit Hochofenschlacke weist Beton eine erhöhte Radioaktivität auf. Zudem ist Beton in der Regel ein schlechter Wärmedämmer. Er wird bevorzugt dort eingesetzt, wo ausgefallene Formen gebaut werden sollen. Aber der Eindruck von Kälte und Häßlichkeit läßt sich kaum verschleiern, und die ökologischen Aspekte sprechen eine deutliche Sprache gegen dieses Material, zumal seine hohe Dichte es zu einem Antennenverstärker für belastende Strahlungen macht.

Die Magie des Regenbogens – zu den geheimen Wirkungen der Farben

Farben haben je nach Kulturraum sehr unterschiedliche Bedeutungen. In unserer westlichen Welt spielen sie vor allem als Träger von Informationen sowie bestimmter Ästhetiken eine hervorragende Rolle. Signalfarben helfen uns bei der Orientierung im Alltag: die Ampelfarben Rot, Gelb und Grün im Straßenverkehr, verschiedene Farben als (Farb-)Leitsysteme, Blaulicht als Alarmfarbe bei Unfall- und Katastropheneinsätzen. In diesen Fällen haben Farben einen rein praktischen Wert. Sie sind durch Konventionen codiert, das heißt, die Menschen verstehen ihre jeweilige Bedeutung nur deshalb, weil sie diese gelernt haben. Die Farbbedeutung hat dabei mit tiefenpsychologischen Zusammenhängen nichts zu tun. Das zeigt sich daran, daß wir Rot als Signal, ja geradezu als Befehl anzuhalten, verinnerlicht haben. Dagegen reagiert man auf einer tieferen, archaischen Ebene gerade auf Rot eher mit hitziger Bewegung, wie die seit eh und je erregende Farbe der «Rotlichtbezirke» beweist.

Die ästhetische Dimension von Farbe entfaltet sich beispielsweise dort, wo wir bestimmte Farbkombinationen als «geschmackvoll», «dezent» oder aber als «grell» und «kitschig» empfinden. Solche Einschätzungen sind auf Kleidung, Wohnungseinrichtungen, Architektur, auf den ganzen Bereich der Alltagskultur bezogen, und sie sind modischem Wandel unterworfen.

Wenn konventionelle Übereinkünfte keine Rolle spielen, unterliegen unsere Reaktionen natürlichen, tief im Unterbewußtsein verwurzelten kollektiven Ureinnerungen. Kaum wandelbar scheinen gewisse archetypische Symbolbedeutungen von Farbe zu sein.

Rot gilt in dieser Dimension als Signalfarbe, die starke Bewegung, Leidenschaft, Triebhaftigkeit, Heftigkeit, Hitze ausdrückt. Sie ist die Farbe der körperlichen Liebe und des Hasses. Man «sieht rot» vor Wut. Rot ist die Farbe der Kraft, der Energie, und es gibt nur eine geringe Möglichkeit, sie durch andere Einflüsse zu neutralisieren.

Für die meisten Menschen ist Grün die Farbe der Hoffnung. Sie symbolisiert Neutralität – ein helles Gelbgrün Neubeginn –, und dies nicht etwa, weil Menschen sich auf diese Zuordnung geeinigt hätten – wie etwa darauf, daß rotes Ampellicht zum Stehenbleiben nötigt. Dies ist so, weil sich in die archaischsten Schichten des menschlichen Stammhirns die Erinnerung an die Erleichterung unauslöschlich eingeschrieben hat, die schon der prähistorische Mensch verspürte, nachdem er einen harten Winter überlebt hatte, dessen Ende sich durch das sprießende Grün in der Natur ankündigte. Grundlegende Menschheitserinnerungen an Überlebenskampf, Hunger und Not haben sich hier eingeprägt und erhalten. Die Farbe Grün gehört untrennbar zu dem Begriff «Hoffnung», der sich aus den ursprünglichen Überlebensstrategien abstrahiert hat.

In unserer Sprache gibt es eine Reihe von Redewendungen, in denen Farben zu Bildern geworden sind: Verliebte sehen die Welt «durch eine rosarote Brille»; man trinkt Alkohol, bis man «blau» ist; man «ärgert sich schwarz», ist ein «Schwarzseher» oder wird «gelb vor Neid». Diese Redewendungen kommen nicht von ungefähr, nur ist uns ihre tiefere Bedeutung nicht mehr bewußt. Neidische Menschen laufen natürlich nicht gelbgefärbt herum. Dennoch schlagen negative Gefühle wie Neid und Ärger dauerhaft auf Leber und Galle, was zu Fehlfunktionen dieser Organe und folglich zu einer Gelbfärbung des Augenweiß und bei stärkerer Ausprägung auch der Haut führt. Es liegt also durchaus ein tieferer Sinn in solchen Farbredewendungen.

Allerdings muß uns auch bewußt sein, daß die Farbsymbolik nicht eindeutig ist – was bedauerlicherweise einer der Gründe dafür ist, daß in unserer naturwissenschaftlich geprägten Zeit die symbolische Interpretation von Farbwirkungen gelegentlich als reine Spekulation, gar als esoterischer Unsinn abgetan wird. Aus dem Bedürfnis nach Eindeutigkeit, Geradlinigkeit und Kausalitätszuordnungen heraus übersieht man, daß es in der Natur keineswegs eindeutig, geradlinig und kausal zugeht, sondern im Gegensatz immer schillernd und vielfältig. So steht Braun beispielsweise durchaus für Gegensätzliches: Es ist sowohl die Farbe der fruchtbaren Erde als auch die der ekelhaften Exkremente. Auch die menschlichen Reaktionsweisen sind widersprüchlich, mehrdeutig und vielschichtig, etwa wenn die Geschmackssinne uns bei der Einnahme außerordentlich gesunder Medizin einen unangenehmen Geschmack signalisieren, oder umgekehrt, wenn in einem köstlichen Gericht möglicherweise ein Gift enthalten ist, das uns den Appetit an der Speise durchaus nicht verdirbt.

Die vielschichtige Codierung der Farben gründet sich darauf, daß diese – und somit auch ihre jeweiligen Eigenschaften – in unzähligen Mischungen auftreten, und sie ist letztlich ein Spiegel der Komplexität der menschlichen Psyche. Daß es einen Grünton gibt, der im Widerspruch zu dem oben Gesagten als giftig empfunden wird – das «Giftgrün» –, liegt daran, daß dieses Grün keine gleichmäßige Mischung der Grundfarben Gelb und Blau ist, sondern einen deutlichen Gelbstich hat, so daß sich auch die Eigenschaften der Farbe der Galle, des Neides, des Ungenießbaren hier entfalten können.

Wenn wir uns das verborgene Wissen um die vielfältigen Kräfte der Farben wieder ins Bewußtsein holen, können wir diese gezielt in unserem Alltag verwenden, um uns zu stärken und zu harmonisieren. Wir können uns mit den Farben umgeben, die wir zu einem bestimmten Zeitpunkt oder in einer vorgegebenen Situation brauchen. Dafür aber müssen wir zu unseren verborgenen Wurzeln zurückkehren. Nicht nur sollten wir uns daran erfreuen, daß wir einige Farben hübsch finden, vielmehr ist es wichtig, zu erkennen, warum man sich von bestimmten Farben angezogen, von anderen abgestoßen fühlt. Wenn wir Farben als organisches System erkannt haben, können wir uns mit ihrer Hilfe verankern und ein sensibles Gleichgewicht finden.

Lange bevor moderne physikalische Messungen gezeigt haben, daß Farbe in unterschiedliche Wellenlängen und Schwingungsfrequenzen zerlegtes Licht ist, ist die Heilkraft der Farben in den alten Hochkulturen Ägyptens, Chinas, Tibets und Griechenlands bewußt genutzt worden. So gab es ägyptische Tempel, deren Innenräume, in die man sich zur inneren Heilung zurückzog, in bestimmten, auf diese Funktion hin ausgerichteten Farben gehalten waren. Die heilende Wirkung ergab sich aus den unterschiedlichen Schwingungsfrequenzen der Farbstrahlung. Beispielsweise weist Rot die längste Wellenlänge und die langsamste Schwingungsfrequenz auf, es ist also eine Farbe, die Wärmeempfinden hervorruft. Außer Wärme- und Kältegefühlen vermitteln Farben Energien, die sich auch für die physische, mentale und seelische Gesundheit nutzen lassen.

Die Tatsache, daß die Verbindung von Farben und Temperaturattributen nicht nur metaphorischer Natur ist, läßt sich physikalisch belegen. Würde man eine Gruppe von Testpersonen bitten, sich abwechselnd in einem roten und einem blauen Raum aufzuhalten, würden sie angeben, daß es im roten Raum «wärmer» sei als im blauen, auch wenn in beiden Räumen exakt dieselbe Temperatur herrschte. Objektiv gesehen waren die subjektiven Eindrücke «falsch», da kein Temperaturunterschied zwischen beiden Räumen vorlag. Dennoch ist tatsächlich mehr Energie erforderlich, um den blauen Raum zu beheizen als den roten. Die Schwingungen, die vom Blau ausgehen, erschweren die Erwärmung, während die Frequenz der Rotschwingungen sie erleichtert.

Die unterschiedliche «Temperatur» von Farben läßt sich mit ein wenig Übung und Sensibilität ertasten. Als die Menschen in früheren Zeiten über diese Fähigkeit noch verfügten, gehörte es zum alltäglichen Wissen, daß man bei sehr kaltem Wetter rote Strümpfe und rote Wollwäsche trug, weil diese Kleidungsstücke – kraft ihrer Farbe – besser wärmten.

Als homöopathische Heilpraktikerin setze ich Farbtherapie gezielt und wirkungsvoll bei ganz unterschiedlichen Beschwerden wie Depression, Schnupfen, Bluthochdruck und Allergien ein, um nur einen Bruchteil der farbtherapeutisch behandelbaren Beschwerden zu erwähnen. Aber schon in seiner alltäglichen Umgebung kann man sich durch den gezielten Einsatz von Farben das Leben erleichtern und zu einem neuen, positiven Lebensgefühl verhelfen.

Die Heil- und Harmonie-Wirkung von Farben

Wie in allen Heilbereichen, gibt es auch beim therapeutischen Einsatz von Farben unterschiedliche «Dosierungen». Die intensivste Wirkung läßt sich bei der Farbbestrahlung mit Farblampen hervorrufen, wobei man sowohl flächig – den Körper oder bestimmte Körperpartien – als auch punktuell bestrahlen kann. Sehr wirkungsvoll ist auch das Auflegen von Farbtüchern oder Farbkarten, insbesondere auf die körperlichen Kraftzentren, die Chakren, oder das Aufmalen von Farben auf Akupunktur- und Akupressurpunkte.

Im Alltag entscheidet man häufig unbewußt durch die

Auswahl der Kleider- und Wäschefarben über die aktuellen eigenen Farbbedürfnisse. Natürlich ist die Farbgebung einer Wohnung von stärker prägender Bedeutung, weil man einen Zimmeranstrich nicht so leicht wechselt wie ein Hemd. Daher sollte gerade bei der Wohnungseinrichtung mit sehr viel Sorgfalt über die Wand-, Teppich- und Möbelfarben nachgedacht werden.

Vorübergehende Farbbedürfnisse lassen sich befriedigen, indem man farbig bestrahltes oder mit Hilfe des von mir entwickelten Farb-Energie-Sets behandeltes Quellwasser verwendet. Ausdrucksmalen, also der intuitive Gebrauch von Farben, um die eigene Stimmung auszudrücken, ist ein weiteres sinnvolles Mittel, sich mittels Farbkraft zu harmonisieren. Und schließlich darf man nicht die starke Kraft der mentalen Visualisierung von Farben unterschätzen. Eine Farbmeditation kann Ihnen bedeutsame Klärungen, Reinigungen und Energien vermitteln.

Grün

Grün wirkt ausgleichend und beruhigend. Es die Farbe der Zufriedenheit und Heilung und symbolisiert die Hoffnung. Diese Farbe wirkt antiseptisch, zerstört Keime und Bazillen, sie reinigt und hemmt die Prozesse von Zerfall und Verwesung.

Bei überanstrengten Augen stärkt Grün den Sehpurpur, es sollte also Menschen umgeben, die lange vor dem Computer oder Fernseher sitzen, die viel lesen und schreiben.

Grün verhilft auch zu seelischer Ausgewogenheit und sorgt für Neutralität. Es stärkt das Selbstwertgefühl, schafft ein inneres Gleichgewicht, besonders wenn man zu häufigen Stimmungsschwankungen, Ungeduld und Unzufriedenheit neigt. Es harmonisiert bei Erschöpfungszuständen. Auch schützt diese Farbe vor unerwünschten äußeren Einflüssen. Allerdings sollte man sich vor farblicher Einseitigkeit hüten. Zuviel Grün beispielsweise birgt die Gefahr, daß man an Sensibilität verliert und sich einseitig auf materielle Güter konzentriert.

Rot

Rot ist die kräftigste, wärmste und belebendste Farbe. Mit ihr muß man äußerst behutsam umgehen, um Überreaktionen zu vermeiden. Rot hat zwei Aspekte: Einerseits steht es für die körperliche Liebe, für Leben, Energie und Kraft – andererseits für Zerstörung, Aggression, Hitze, Leidenschaft und Gewalt. Mit der Wirkung von Rot kann man sich Energien verschaffen, Kraft und Stärke sammeln. Aber bei keiner anderen Farbe ist die Dosierung so heikel. Unbedingt sollte man zu lange Roteinwirkung vermeiden, um sich nicht unnötigen Aufregungen oder Aggressionen auszusetzen. Mit Rot als Farbe in der Wohnumgebung ist äußerst sparsam umzugehen. Rote Wandanstriche können innerhalb kürzester Zeit sogar zu Übelkeit und Schwindelgefühlen führen. In der Wohnung sollte Rot nur als Farbtupfer oder zur Akzentuierung eingesetzt werden. Bei zu starker Roteinwirkung harmonisiert die Komplementärfarbe Grün.

Orange

Orange, aus Rot und Gelb gemischt, ist ebenfalls eine sorgfältig zu dosierende, weil äußerst aktivierende Farbe. Orange wärmt, erheitert, macht Mut und Freude, löst Depressionen, Introvertiertheit und Melancholie. Orange wirkt appetitanregend und allgemein erweiternd. Es stärkt das Selbstwertgefühl und hilft bei Neuanfängen, sei es bei der Übernahme einer neuen Stellung, beim Bau eines neuen Hauses oder beim Aufbau neuer Kontakte. In der Schwangerschaft schützt und unterstützt Orange die werdende Mutter, bei Schulkindern stärkt es die Lust am Lernen. Zuviel Orange kann zu übersteigertem Verlangen nach Essen und Sexualität führen und den Menschen ziel- und kopflos werden lassen.

Blau

Blau ist die reinste, tiefste und kühlste Farbe. Als Komplementärfarbe zu Orange hat es auch entgegengesetzte Eigenschaften. Es steht für das Unbewußte und für seelische Tiefe. Im Gegensatz zu Orange unterstützt es Introvertiertheit und Reserviertheit. Wenn man die innere Tiefe, die geistige Entwicklung sucht oder sich mehr der immateriellen Seite des Lebens zuwenden will, hilft tiefes Blau. Mit dieser Farbe begegnet man Nervosität, Schlafstörungen, Verspannungen, jeglichen Hitze- und Verbrennungszuständen. Blau symbolisiert Treue und fördert charakterliche Rechtschaffenheit und seelische Reinheit. Wenn man sich unausgeglichen fühlt, die Balance verloren hat, die eigene Mitte verloren hat, sollte man sich mit viel Blau umgeben, um sich so auf die innere Stimme konzentrieren zu können. Zuviel Blau führt zur Verlangsamung der Gedanken, zu einem gewissen Realitätsverlust und unter Umständen auch zu Alpträumen.

Gelb

Gelb ist die Farbe der Heiterkeit, Offenheit, Wärme und gedanklichen Wendigkeit. Es ist die Farbe des Verstandes, der Analyse- ebenso wie der Kommunikationsfähigkeit und sollte überall dort eingesetzt werden, wo geistig konzentriert gearbeitet wird. Es unterstützt die Suche nach der Wahrheit, die mentale Kreativität, die Klärung geistiger Zusammenhänge. Es symbolisiert die Sonne, ihre Kraft und Wärme. Es unterstützt Lernfreude und Arbeitslust, stärkt den Lebensantrieb und ist gut für Kranke, um deren Genesungswillen zu unterstützen. Gelb läßt alle Säfte fließen, egal, um welches Organ es sich handelt. Ebenso regt es die Gehirntätigkeit an. Auch bei fehlender Antriebsstärke, bei Lustlosigkeit, mangelndem Ehrgeiz kann Gelb viel bewirken. Zuviel davon allerdings fördert Neid und Eifersucht sowie falschen Stolz.

Violett

Violett ist die Farbe, die am stärksten zu reinigen vermag, dies sowohl in der Farbtherapie, wo Bestrahlungen zur Klärung von Akne wie auch bei psychischen Unklarheiten eingesetzt werden, als auch zum Ausgleichen von Disharmonien und zur Vermittlung zwischen Gegensätzen. Als Komplement zu Gelb ist Violett die Farbe der Kunst, Metaphysik, Mystik, Magie und Alchemie und steht somit für Inspiration und spirituelle Erfahrungen. Besonders bei eher intellektuellen, auch materiell eingestellten Menschen öffnet Violett das Bewußtsein für nichtmaterielle Erfahrungen. Da diese

Farbe den Schwingungsaustausch zwischen den beiden Gehirnhälften fördert, hilft sie in festgefahrenen Partnerschaftsbeziehungen, wo Neuorientierungen – besonders im Hinblick auf geschlechtsspezifische Rollenverständnisse der Partner – und insgesamt eine neue Sensibilisierung erforderlich sind. Violett ist die Farbe, mit der man Blockaden und Staus in der Milz löst und Reinigungsprozesse in Gang setzt.

Lemon

Lemon, eine Mischung aus Gelb und Grün, löst Stauungen und Blockaden und fördert jegliches Fließen. Mit Hilfe von Lemon kann man alte Dinge leichter loslassen. Besonders begünstigt diese Farbe die emotionale Seite, sie verstärkt Glücksgefühle, das Verständnis für andere Menschen, aber auch das Gefühl für das eigene Ich. Sie läßt Bewegung entstehen, überwindet Stagnation und Starre und ist eine für das körperliche Immunsystem äußerst positive Farbe, da sie die Thymusdrüse anregt.

Türkis

Türkis ist allgemein eine kühlende und erfrischende Farbe. Sie unterstützt den klaren sprachlichen Ausdruck und eine echte, ehrliche Verständigung, ist somit Symbol der Wahrheit. Gleichzeitig ist sie die Farbe der geistigen Kreativität. Besonders wichtig wird der Einsatz von Türkis in einer Umgebung mit hoher Strahlenbelastung. Der sogenannte elektromagnetische Smog, der in heutiger Zeit wegen der großen Anzahl technischer Geräte in Haushalt und Büro vorkommt, läßt sich durch Türkis zum Teil neutralisieren, da diese Heilfarbe auf die Schilddrüse harmonisierend wirkt. Auch bei giftstoffbedingten Kopfschmerzen oder bei Ermüdung nach zu langer Computerarbeit hilft und beruhigt Türkis. Gefühle und Verstand werden in Einklang gebracht. Zuviel Türkiseinwirkung kann allerdings den positiven Effekt ins Gegenteil verkehren und die kommunikativen Fähigkeiten lahmlegen. Auch besteht dann die Gefahr der Realitätsflucht.

Magenta

Magenta ist eine äußerst aktivierende und tonisierende Farbe zwischen Rot und Violett. Als Energetikum wirkt sie so stark, daß man, ähnlich wie mit Rot, auch mit ihr vorsichtig umgehen sollte. Während der Schwangerschaft kann die werdende Mutter ihr Kind durch die Strahlenkraft von Magenta vor äußeren negativen Einflüssen schützen.

Purpur

Purpur – die Königsfarbe – zwischen Violett und Magenta spielend, symbolisiert sowohl Gerechtigkeit als auch Nächstenliebe. Sie wirkt sedierend, bringt Schlaf, senkt den Blutdruck und das Fieber und reguliert eine besonders starke Libido. Früher wurden die Kinderwiegen mit Purpur ausgeschlagen, um so die Kinder in einen ruhigen Schlaf hinüberzubringen.

Scharlachrot

Scharlachrot ist im Gegensatz zu Purpur die Farbe des Sexualtriebs. Sie changiert zwischen Rot und Magenta und stärkt als wirkungsvolles Aphrodisiakum auch im fortgeschrittenen Alter die Libido, Sinnlichkeit und Sexualorgane.

Rosa

Rosa ist die Farbe der Nächstenliebe und des Herzens und hilft diesem, seine Gefühle auszudrücken. Es ist die

Transformation von Rot zu einer reineren, selbstloseren und weniger von heftigen Leidenschaften beherrschten Liebe. Es unterstützt die Fähigkeit, (einem) anderen Liebe zu geben, einfühlsamer zu werden und eine größere Fürsorglichkeit zu entwickeln. Wenn man besonders empfindlich auf große Menschenmengen und deren Lärm reagiert, kann man sich durch den Einfluß von Rosa schützen. Zuviel Rosa allerdings führt zu übertriebener Schwärmerei beziehungsweise einer irrealen Gefühlsseligkeit.

Weiß

Das klärende *Weiß* ist bekanntermaßen die Farbe der Unschuld, Reinheit und Vollkommenheit. Weiß bedeutet Licht und Heilung, auch Erleuchtung. Auch wenn es in der Farbtherapie nicht eingesetzt wird, ist es doch eine Farbe der fortgeschrittenen Meditation, die man auch in der Gestaltung der eigenen Umwelt positiv einsetzen und nutzen kann. Zuviel Weiß kann wegen zu starker Klärungsprozesse zu übertriebenen Reizungen führen.

Gold

Gold symbolisiert göttliche Kraft, bringt Lebensmut und steigert das Selbstwertgefühl wie auch spirituelle Fähigkeiten und Entwicklungen. Daher wird es in der Heilmeditation eingesetzt. Zuviel Gold kann ein Indiz für überdeckte Lebensunsicherheit sein oder auch dafür, daß man die eigene Vollkommnung rein auf den materiellen Bereich begrenzt.

Schwarz

Daß *Schwarz* alle Farben absorbiert, bedeutet es Dunkelheit und momentanen Lebensstillstand. Sich mit Schwarz zu umgeben ist dann sinnvoll, wenn man sich für einen bestimmten Zeitraum von äußeren wie auch inneren Einflüssen abschirmen oder aufgrund extremer Erschöpfung abschalten will. Zuviel Schwarz wirkt lebensverneinend, gibt negative Schwingungen ab und zieht diese auch an. Es ist eher eine Farbe, die zu Chaos und Vernichtung führt.

Braun

Braun ist eine Farbe der Geborgenheit. In ihr manifestieren sich unsere Erde, unsere Wurzeln. Aus der Erde kommen wir, aus ihr schöpfen wir unsere Kraft, zur Erde kehren wir auch zurück. Braun ist die Farbe des Austausches. Man kann sich gut mit ihr umgeben, wenn man Schutz und Geborgenheit sucht, wenn man nach Zeiten wilder Bewegung eine Phase der Ruhe braucht. Zuviel Braun aber wirkt hemmend für die psychosomatische wie auch für die seelisch-geistige Entwicklung. Braun gilt als Farbe der Untertanen, die sich dirigieren lassen.

Grau

Grau ist die indifferenteste Farbe, neutral und eher nichtssagend. Wenn man andere Farben besonders wirken lassen will, schenkt man ihnen einen grauen Hintergrund, der kaum eigene Strahlung hat und von sich aus unbedeutend ist. Auch umgibt man sich mit Grau, wenn man selbst nicht auffallen, sich verstecken will. Nicht zufällig ist es die typische Kleidungsfarbe der Agenten, die ja «unauffällig» bleiben wollen. Zuviel Grau schwächt das Selbstwertgefühl und behindert die Entfaltung einer Lebenseinstellung ohne unnötige Ängste und Sorgen.

Überblick über die Wirkung der Farben in der privaten Umgebung

Weiß ist ein neutraler Wandanstrich mit einer eigenen starken Strahlenkraft, die räumliche Weite und Helligkeit vermittelt.

Hellblau ist aufgrund seiner beruhigenden, streitschlichtenden Wirkung gut als Wandanstrich für Kinder- und Schlafzimmer geeignet.

Rot sollte wegen seiner heftigen Wirkung nur in vorsichtiger Dosierung bei der Inneneinrichtung verwendet werden. Als Wandanstrich ist diese Farbe unbedingt zu vermeiden. In Form von Farbtupfern und Akzenten durch Kissen, Vorhänge, Accessoires aller Art kann Rot stimulierend und energetisierend wirken. Rot im Schlafzimmer entfaltet sexuell anregende Wirkung, besonders als Rotlicht, dessen sich ja bekanntermaßen das nach ihm benannte Milieu ausgiebig bedient. Es darf aber bei Schlafstörungen, Nervosität und einer Neigung zur Hyperaktivität nicht verwendet werden.

Rosa ist für ein Kleinkinderzimmer ein geeigneter Wandanstrich. Überall dort, wo es lärmend zugeht, wo viele Menschen zusammenkommen, wirkt sich Rosa wegen seiner aggressionshemmenden und besänftigenden Kraft positiv aus.

Orange entfaltet eine so stark anregende Wirkung, daß man es ebenfalls als Wandanstrich kaum verwenden sollte. Hingegen können einzelne Impulse sehr wirkungsvoll und hilfreich sein und besonders in düsteren Ecken und während der dunklen Jahreszeit aufheitern und wärmen. In Geschäftsräumen und Restaurants hilft Orange, den Umsatz zu steigern, da es auf die Menschen eine freigebig machende Wirkung ausübt. Unter dem Einfluß dieser Farbe «sitzt das Geld locker».

Apricotorange ist die ideale Farbe, auch als Wandanstrich, wenn man in einem Raum Entspannung, Wohlgefühl und Geborgenheit sucht und sich von den Alltagsängsten lösen will. Es ist die ideale Farbe für alle Heiler- und Arztpraxen.

Gelb ist als Wandanstrich günstig in Räumen, in denen man geistig aktiv ist. Auch in Krankenzimmern entfaltet Gelb eine positive, für Genesungsprozesse förderliche Wirkung, da es Lethargie und Traurigkeit zu bekämpfen hilft. Außerdem empfiehlt sich Gelb als vorherrschende Farbe in Arbeitszimmern beziehungsweise dort, wo Lern- und Denkaufgaben gelöst werden müssen, beispielsweise in einem Kinderzimmer, in dem die Kinder ihre Hausaufgaben machen, oder auch in Klassenräumen.

Mit *Grün* entspannt man die Augen und das Nervensystem. Daher ist es eine günstige Farbe für Ruhezonen, sollte aber in Form von Pflanzen und einzelnen Gegenständen, Teppichen usw. überall vorkommen.

Türkis regt die Jodproduktion der Schilddrüse an und hilft somit gegen Elektrosmog und ist als Wandfarbe hinter dem Fernsehgerät und anderen strahlungsintensiven Geräten sowie als Bildschirmhintergrund von PC-

Monitoren zu empfehlen. Zudem sollte es, als den sprachlichen Ausdruck unterstützende Farbe, an Orten zu finden sein, wo schriftlich und mündlich formuliert wird, etwa an Telefonen und Schreibtischen.

Mit *Braun* sollte man maßvoll umgehen, seine Präsenz in Gestalt von Möbelholz reicht in einem Wohnraum aus. Zusätzliche Verwendung von Braun im Zimmer durch Teppiche, Sitzmöbel oder gar Wandanstriche kann zwar ein Geborgenheitsgefühl intensivieren, jedoch deutlich kreativitätshemmend sein.

Grau sollte wegen seiner dämpfenden Wirkung nur sparsam eingesetzt werden, da es dazu neigt, die Körperenergien zu verringern. Eine Ausnahme bildet der Bereich, in dem es um Urteilskraft und Kritikfähigkeit geht, beides läßt sich durch Grau schärfen, weshalb es eine günstige Büromöbelfarbe ist.

Gold setzt deutlich lebensbejahende Impulse. Seine positive Wirkung kann in vielfältiger Form – durch Bilder- und Spiegelrahmen, Lampen und Leuchter – in der Wohnumgebung eingesetzt werden.

Durch den Einfluß von *Silber* kann man sich – solange es hell glänzt und noch nicht schwarz geworden ist – mit neuen Energien aufladen, wobei Bestecke, Tischkerzen oder auch Schmuck eine bedeutende Rolle spielen.

Individuelle Farbbedürfnisse von Menschentypen

Es versteht sich von selbst, daß man schwermütige, *depressive Menschen* nicht in dieser Neigung fördert, weil das nicht nur das Gefühl des Unglücklichseins verstärkt, sondern physisch, geistig und seelisch schadet und krankmacht. Daher sollten depressive Menschen – ebenso wie *Phlegmatiker* – Räume meiden, in denen sie überwiegend von dunklem Blau, Schwarz und Grau umgeben sind, auch wenn in anderen Zusammenhängen diese beiden Farben durchaus förderlich sein mögen. Dennoch sollten Menschen mit einer stark ausgeprägten Farb-Charakteristik die entsprechenden Farben meiden beziehungsweise sich mit den jeweils entsprechenden harmonisierenden Komplementärfarben umgeben. Depressiven Menschen empfehle ich, sich eher mit warmen, expansiven Farben zu umgeben, insbesondere mit Orange und Gelb.

Anders ist es bei *nervösen Menschen*, die zudem unter hohem Blutdruck leiden. Ihnen würde ich empfehlen, mit Hilfe der kühlenden Wirkung der Blaustrahlung innere Stille, physisch wie psychisch, zu suchen. Ein klares Blau hilft gegen Schlaflosigkeit ebenso wie gegen Hitze- und Krampfzustände.

Cholerische Menschen sollten vorsichtig mit den yang-gepolten Farben Gelb, Orange und dem doppelt-gepolten Rot umgehen, da diese Farben noch zusätzlich an- und aufregen können. Statt dessen empfiehlt sich für sie als überwiegende Farbe das kühlende und besänftigende, yin-gepolte Dunkelblau, ebenso das neutrale beruhigende Grün. In privaten Räumen bieten sich das streitschlichtende Hellblau und das aggressionsabbauende Rosa an.

Auch wenn es menschliche Veranlagungen gibt, die dauerhaft eine bestimmte Farbenwahl als grundsätzlich sinnvoll erkennen lassen, so haben die wenigsten Menschen ein ganzes Leben lang die gleichen Farbvorlieben. Denn jeder einzelne Kraft- und Energiepunkt im Menschen, nach östlicher Tradition auch *Chakra* genannt, hat seine eigene Grundfarbe.

Auch die menschliche *Aura*, die für die meisten ungeschulten Menschen allerdings nicht mit dem bloßen Auge erkennbar ist, besitzt eine eigene Färbung, die am Körper entlang unterschiedlich ausgeprägt ist. Wenn im Menschen an bestimmten Stellen Blockierungen, Krankheiten, Stauungen auftreten, verändern sich die inneren Farben und die Aurafarben. Dadurch wird angezeigt, daß der Organismus aus der natürlichen Harmonie und seinem inneren Gleichgewicht geraten ist. Solche Veränderungen, die übrigens nicht in jedem Fall schwerwiegende organische Ursachen haben müssen, beeinflussen die eigenen Farbvorlieben. So wie jemand, dem bestimmte Vitamine fehlen, ein Heißhungergefühl auf das genau diese Vitamine enthaltende Nahrungsmittel überkommen kann, so entdecken manche Menschen plötzlich eine heftige Vorliebe für eine bestimmte Farbe, in der sie sich kleiden oder mit der sie sogar ihre Wohnumgebung einrichten. Sie haben das dringende Bedürfnis, sich mit den speziellen Farbeigenschaften physisch und psychisch zu stabilisieren oder zu heilen.

Gestaltung unserer Wohn- und Arbeitsräume

Teil II

Grundstückswahl und Hausbau

In unseren dichtbesiedelten Gegenden ist es natürlich nicht so leicht möglich, sich den Traum vom idealen Grundstück zu verwirklichen. Wenn man ein Grundstück sucht, stößt man schnell an vorgegebene Grenzen, die die Auswahl bestimmen und einengen. Lebe ich auf dem flachen Land, ist es unrealistisch, nach dem Grundstück mit Blick über einen See und die Berge zu suchen, wenn ich gleichzeitig aufgrund beruflicher oder privater Bindungen nicht mobil bin. Andererseits kann das beschriebene Grundstück auch für jemanden, der bereits in einer Berg- und Seenlandschaft lebt, genausowenig greifbar sein, etwa aus finanziellen Gründen. Wir müssen also unter realistischen Möglichkeiten auswählen und aus dem erworbenen Grundstück dann das für uns beste und günstigste machen.

Bei der Wahl des Grundstücks sind einige *Feng-Shui-Regeln* äußerst hilfreich.

Hinsichtlich der Entscheidung über eine *Plazierung* eines Hauses ist es zunächst wichtig zu wissen, welche Energien in der Erde stecken. Ein äußeres Zeichen ist das Wachstum auf dem noch unbebauten Stück Boden. Sicher ist ein Grundstück, auf dem grüne, saftige Pflanzen gedeihen, durch positive Erdenergien gekennzeichnet. Bei einer kümmerlichen Vegetation hingegen ist Vorsicht geboten. Unbedingt sollte man zunächst die Gründe hierfür herausfinden, wenn nötig mit Hilfe eines

Das Fließen des Qi

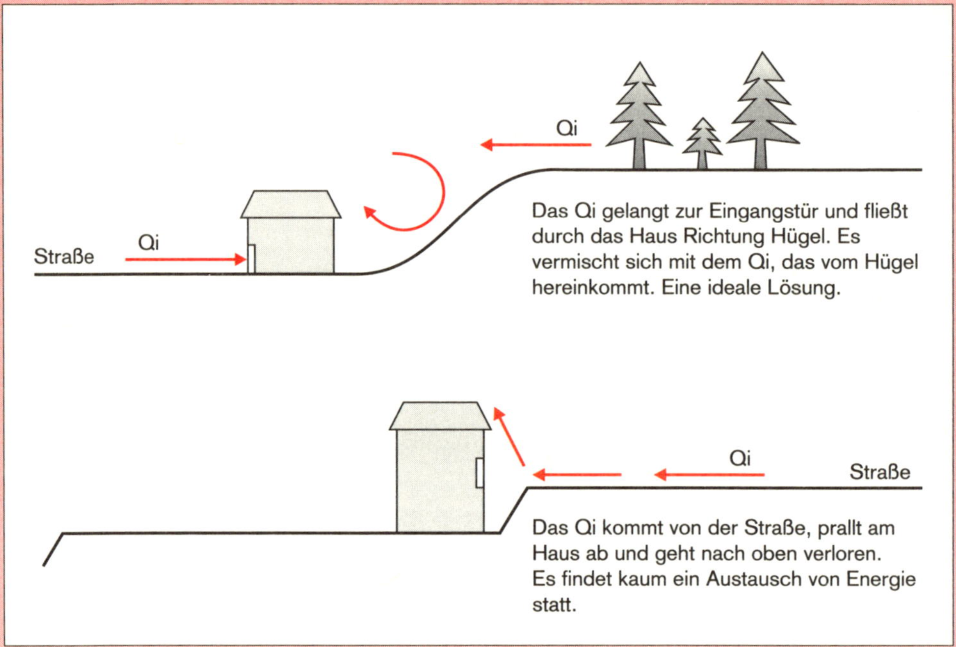

Rutengängers, den man hinzuzieht, um festzustellen, ob geopathische Zonen oder Wasseradern vorhanden sind.

Unter geomantischen Gesichtspunkten liegt ein Haus sehr günstig, wenn es auf ebenem Boden gebaut wird. Wichtig ist, daß der Bauplatz genügend Erde enthält. Die Vorderseite ist auf ein Gebiet hin ausgerichtet, das ein wenig unterhalb des Hauses liegt und einen offenen Blick auf die Landschaft gewährt. Von besonders starker kosmischer Energie profitieren die Bewohner eines Hauses, wenn sie über einen See oder ein langsam fließendes Gewässer blicken. Auf der Rückseite des Hauses hingegen sollte eine Erhöhung sein, etwa in Form eines Walles, eines Hügels oder gar eines Gebirges. Die dahinterstehende Idee ist zweifellos die, daß dadurch das Haus besser geschützt ist, sowohl vor unliebsamen Besuchern als auch – vor allem – vor starken Winden.

Die vorherrschenden Windrichtungen an einem Ort sollten ebenfalls in Betracht gezogen werden, damit man die Vorderseite des Hauses nicht in einen ständig kalt blasenden Wind plaziert. Im allgemeinen wird eine Südausrichtung als bekömmlich angesehen. In einer windgeschützten Lage können sich kosmische Energien besser konzentrieren, anstatt schnell verstreut zu werden. Bäume, die das Grundstück umgeben, unterstützen diese Konzentration, auch vermitteln sie das Gefühl von Schutz und Geborgenheit. Allerdings ist darauf zu achten, daß sie keinen Schatten auf das Haus werfen, da Lichteinfall eine unabdingbare Voraussetzung für harmonisches und gesundes Leben ist.

Natürlich sind auch so praktische Erwägungen wie die Anbindung an günstige Verkehrswege und leichte Zufahrten ebenso wichtig wie etwa vorhandene Möglichkeiten effizienter Drainage.

Lassen Sie unbedingt verschiedene Tests durch Experten vornehmen:

- Lassen Sie die Energie des Erdbodens testen.
- Ein Rutengänger kann ermitteln, ob das Grundstück geopathische Störfelder hat.
- Lassen Sie den Erdboden auf giftige Chemikalien oder ähnliches hin untersuchen.
- Ziehen Sie einen Feng-Shui-Berater hinzu, der feststellen kann, ob das Grundstück *Sha Qi* – schlechtes *Qi* – durch einen nahe gelegenen Friedhof oder ähnliches hat oder auf andere Weise eine Gefahr für den Menschen darstellt.

Rechteck

Die *Grundstücksform* sollte möglichst vollständig sein. Das heißt zum Beispiel im Falle eines *Rechtecks*, daß seine vier Seiten nach den vier Kompaßpunkten ausgerichtet sind. Bei einer Parzellierung dieses Grundstücks in neun gleichmäßige Teile sollte das Haus im Sinne des inneren Gleichklangs auf dem mittleren Abschnitt gebaut werden. *Quadratische Grundstücke* wären ideal. Von ihrer Form her repräsentieren sie Erde und garantieren somit Stabilität.

Dreieck

Hingegen gelten *dreieckige Grundstücke* als ausgesprochen ungünstig. Ihre Form entspricht der des Feuers und läßt auf Brandgefahr und Instabilität schließen. Für Abhilfe sorgt eine Veränderung der Grundstücksform. Indem man mit einer Hecke eine spitze Ecke absetzt, schafft man ein Trapez, auf das man das Haus setzt. Die abgetrennte Ecke läßt sich als Garten benutzen.

Grundstücksformen: Rechteck und Dreieck

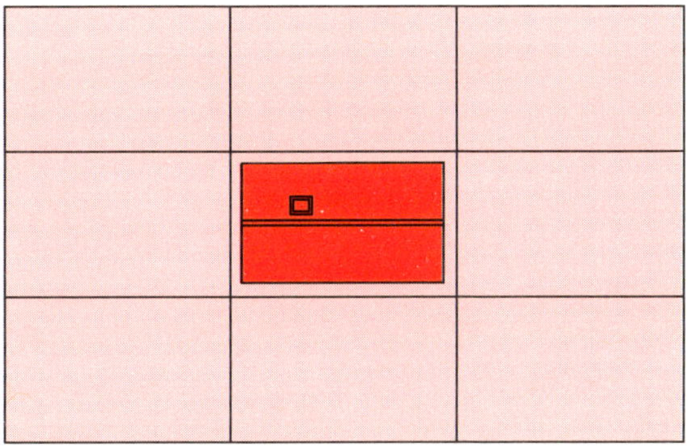

Rechteckform mit idealer Position des Hauses

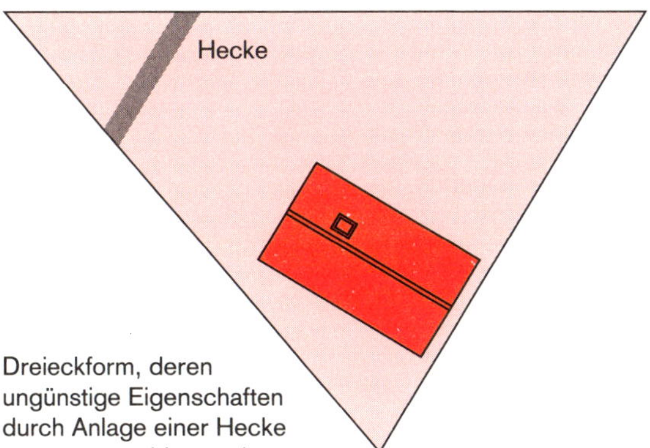

Dreieckform, deren ungünstige Eigenschaften durch Anlage einer Hecke entgegengewirkt wurde

Kreis

Ein *rundes Grundstück* symbolisiert von seinem Element her Metall, von der kosmischen Zuordnung her den Himmel. Somit eignet es sich gleichermaßen für so gegensätzliche Gebäude wie religiöse Stätten und Bankgebäude.

Unregelmäßige Form

Vollkommen *unregelmäßig geformten Grundstücken* liegt ihrer Form nach das Element Wasser zugrunde. Da nach dem Elementekreislauf Wasser Holz nährt, begünstigt ein unregelmäßiges Grundstück hohe, schmale Gebäude, Türme, hohe Wohnhäuser, Hochhäuser. Es läßt sich auch dazu nutzen, ein unregelmäßig geformtes Haus darauf zu bauen. Es empfiehlt sich ein Haus mit einer schmalen Front, das sich zu seiner Rückseite hin verbreitert und somit von wachsendem Reichtum und Kindersegen kündet.

Lange Schmalform

Nach chinesischer Tradition gelten *lange, schmale Grundstücke* als ungünstig. Ihrer Form nach symbolisieren sie Holz. Entsprechend dem Kreislauf der Elemente entzieht Holz der Erde Kraft, und so folgert man, daß ein auf einem schmalen Grundstück gebautes Haus im Laufe der Zeit an Materialschwäche leiden wird. Auch diese unglückliche Konstellation läßt sich in eine positive verwandeln, wenn man auf der Länge des Grundstücks verschiedene terrassenförmig angelegte Häuser aneinanderreiht, die dann jedes für sich in eine favorisierte rechteckige Form kommen.

L-Form

Man sollte es vermeiden, daß die Außenwelt – etwa das Grundstück des Nachbarn – in den eigenen Bereich hineinreicht und somit beherrschenden Einfluß ausüben könnte. Dies ist bei der L-Form der Fall. Die Chinesen bringen mit ihr das Fehlen des Familienoberhauptes, Sterben und Untergang in Verbindung, was allerdings dann neutralisiert ist, wenn die fehlende Ecke nach Norden ausgerichtet ist, weil diese Himmelsrichtung als weniger glücklich betrachtet wird. Wenn man aber gezwungen ist, auf einem L-förmigen Grundstück zu bauen, muß man nach Möglichkeiten suchen, wie man das Grundstück durch Bepflanzung so auflockert, daß das fehlende Stück nicht mehr dominierend wirkt. Wichtig ist, daß die Ecken entfernt und Pflanzen wellig und unregelmäßig angeordnet werden. Keinesfalls sollte man mit einer geraden Hecke die Abgrenzung zum Nachbargrundstück versuchen. Eine alle Richtungen gleichmäßig bestrahlende Lampe, die man genau in die Ecke zum Nachbargrundstück stellt, bewirkt, daß das fehlende Stück integriert wird. Falls einem das fehlende Stück selbst gehört, man aber keine Bebauungsgenehmigung hierfür hat, läßt sich eine Einheit beider Grundstücksteile herbeiführen, indem man sie mit einem gemeinsamen Zaun beziehungsweise einer ebensolchen Strauchbepflanzung umgrenzt. Auch ein dominanter Gegenstand, in die äußerste Ecke des zusätzlichen Teiles gesetzt, bewirkt eine innere Harmonie. Hier könnte man einen Baum pflanzen oder eine hohe Lampe oder ähnliches aufstellen.

Bei einem L-förmigen Grundstück stellt sich die Frage, wohin man das Haus am besten baut. Es gibt zwei Möglichkeiten, die nach Feng Shui sinnvoll sind: Zum

Grundstücksformen: L-Form

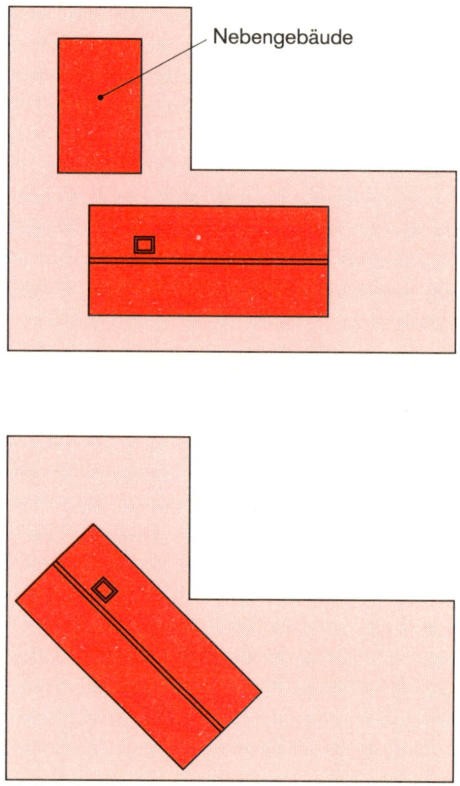

Zwei Möglichkeiten der Bebauung von L-förmigen Grundstücken

einen kann man das Hauptgebäude in den einen Teil setzen und in den anderen ein kleineres Nebengebäude, zum Beispiel einen Pavillon, einen Geräteschuppen oder auch eine Garage. So stellt man eine Balance her. Zum anderen gibt es die Möglichkeit, das Haus schräg in den Winkel zwischen den beiden Teilen zu stellen. Auf diese Weise beherrscht das Gebäude nicht nur das gesamte eigene Grundstück, sondern auch das fehlende Rechteck. Man setzt so den von außen eindringenden Einflüssen eine deutliche und starke Kraft entgegen. Allerdings ist dann die Innenecke im L ein schädlicher spitzer Pfeil, der sich auf das eigene Haus richtet, eine nach chinesischer Tradition unbedingt zu vermeidende Anordnung. Dieser Pfeil muß natürlich sehr sorgfältig entschärft und abgerundet werden. Dies geschieht durch die Anpflanzung von etwas Sanftem und Rundem genau in dieser Ecke; auch eine reflektierende Lampe oder ein hoher Baum erfüllen den *Sha*-abweisenden Zweck. Gleiches gilt für die rückwärtige Außenecke des L, die ebenfalls durch Bepflanzung abgerundet werden muß.

Grundsätzliche Erwägungen zum Entwurf des Hauses

Standort und Umgebung

Das Feng Shui eines Standortes ist dann günstig, wenn die Elementesymbolik – Form und Material – eines Hauses auch zur entsprechenden Symbolik der Umgebung paßt. Dabei ist das Hauptkriterium die Form, nicht das Material. Hier sind vielfältige Kombinationen möglich: förderliche, neutrale und schädliche. Hier können nicht alle Kombinationen einzeln detailliert dargestellt werden. Ich kann aber in jedem Fall die alte chinesische Lehre vom Kreislauf der Elemente empfehlen (s. Abb. S. 21). Benachbarte Elemente unterstützen sich gegenseitig: Wasser hilft dem Holz, Holz dem Feuer, Feuer der Erde, Erde dem Metall und Metall dem Wasser. Hingegen zerstört Erde das Element Wasser, Wasser das Element Feuer, Metall das Element Holz.

Betrachten wir die Standorte, die von fünf möglichen Arten von Umgebungselementen beeinflußt werden können, im einzelnen. Hierbei gehen wir, wo das möglich ist, von dem Fall aus, daß der Standort, also ein Gebäude, sowohl seiner Form als auch seinem Material nach einer gemeinsamen Elementesymbolik angehört. (Wo das nicht so ist, hat die Formsymbolik vor der Materialsymbolik Vorrang.) Beginnen wir bei dem ersten Element des generativen Kreislaufs, dem Holz.

Standort mit Holzsymbolik

Der Holzstandort ist gekennzeichnet durch Holz als Baumaterial und durch hohe Formen. Die ideale Verkörperung eines Holzstandortes wäre somit ein hölzerner Turm.

In einer durch Holzsymbolik gekennzeichneten Umgebung steht dieser Standort unter dem Zeichen der Beständigkeit, besonders wenn den Holzbau weiteres Holz in Form von Bäumen, Wäldern oder benachbarten Holzbauten umgibt.

Holz/Turmform

Ist die Umgebung aufgrund gewisser Formen in der Landschaft durch Holz charakterisiert, so kann das Gebäude erfolgversprechend vielfältige Funktionen übernehmen, die im Bereich der Kreativität, der Pflege, Ernährung, auch der Landwirtschaft angesiedelt sind.

In Sichtweite von Berggipfeln oder in der Nähe von spitzdachigen Gebäuden – Symbole einer Feuerumgebung – bieten sich eher gemeinnützige Gebäude als Holzstandorte an, wie etwa Krankenhäuser und Schulen, da Holz das Feuer nährt und langfristig somit der Holzstandort Energie an die Umgebung abgibt. Private Wohnhäuser in solcher Konstellation sind feuergefährdet.

In Ebenen oder zwischen Flachdachgebäuden – Kennzeichen für eine Erdumgebung – nimmt das Gebäude mehr Energie aus seiner Umwelt auf, als es abgibt. Kurzfristig kann das förderlich sein, auf Dauer aber werden die Ressourcen der Umgebung erschöpft.

In der durch Metall charakterisierten Umgebung, im allgemeinen eine hügelige Landschaft oder benachbarte Gebäude mit Kuppeldächern, ist der Holzstandort gefährdet, da Metall das Holz zerstört. An solchen schädlichen Orten besteht für die hier wohnenden oder arbeitenden Menschen eine erhöhte Unfallgefahr. Kommerzielle Unternehmen können in dieser Konstellation kaum auf Prosperität hoffen.

Hingegen findet der Holzstandort eine sehr günstige Umgebung, die durch Wasser gekennzeichnet ist, also entweder in der Nähe von Seen, Flüssen und anderen Gewässern oder von Gebäuden unregelmäßiger Form.

Aufgrund dieser nährenden und allseits förderlichen Ergänzung eignet sich der Holzstandort in einer Wasserumgebung sowohl für kommerziellen Erfolg anstrebende Unternehmen wie für private Wohnhäuser.

Standort mit Feuersymbolik

Die Feuerqualität von Gebäuden ergibt sich weniger aus ihrem Material, da diese nur aus tierischen Stoffen hergestellt sein können und somit beim Hausbau irrelevant sind, als aus ihrer spitzen, scharfkonturierten Form.

Da Holz Feuer nährt, findet ein Feuerstandort in einer Holzumgebung günstige Voraussetzungen, in waldreichen Gebieten ebenso wie in Stadtvierteln mit überwiegend Holzbauten oder säulenförmigen Gebäuden. Diese Konstellation ist in vielfacher Hinsicht förderlich: Sie

garantiert materiellen Erfolg im geschäftlichen wie privaten Bereich und ist auch in intellektueller Hinsicht förderlich, so daß Schulen, Lehrinstitute, Konservatorien an dieser Stelle besonders positiv beeinflußt werden.

Feuer/Spitzform

Eine ebenfalls günstige, wenngleich weniger beständige Kombination ist ein Feuerstandort in einer Feuerumgebung. Diese erkennt man an Gebäuden mit überwiegend spitzwinkligen Dächern und scharfen Kanten oder einem Gebirgszug in der Ferne. Kurzfristiger Erfolg ist diesem Standort beschieden. Langfristig sollte man sich aber hier nicht einrichten, weder mit einem auf lange Sicht finanziellen Gewinn anstrebenden Unternehmen noch mit einer Wohnung, in der man dauerhaft leben möchte. Ein ideales Beispiel für eine harmonische Feuersymbolik ist die Landschaftsform der Toskana.

In einer durch niedrige Flachdachgebäude gekennzeichneten Erdumgebung lebt man ebenfalls glücklich an einem Feuerstandort. Dabei steht der Aspekt der Anerkennung durch andere im Vordergrund, weniger der wachsende Reichtum. Als Ort der Integrität und Aufrichtigkeit bietet er sich an für Einrichtungen des Gemeinschaftswohls, für Krankenhäuser und Bibliotheken, Schulen und ähnliche Gebäude.

Feuer ist stärker als Metall. Daraus ergibt sich, daß man in einem Geschäftsgebäude, das ein spitzes Dach und scharfe Winkel hat, in einer Umgebung, in der abgerundete Kuppen und Bogenkonstruktionen vorkommen, großen finanziellen Gewinn und geschäftliche Vorteile erzielt. Das kann jedoch auf Kosten der eigenen Rücksichtnahme und Ehrlichkeit gehen und bedeutet extremen Streß und Spannung. Für die private Nutzung begünstigt diese Konstellation wachsenden Wohlstand und gesellschaftliches Ansehen.

Feuer wird durch Wasser gelöscht. Das beantwortet die Frage, ob ein Feuerstandort – ein Gebäude mit markanten Winkeln und steilem spitzem Dach – in einer Umgebung mit viel Wasser gebaut werden sollte. Von dieser Kombination ist eindeutig abzuraten.

Standort mit Erdsymbolik

Flache Gebäude wie Bungalows gehören diesem Typ ebenso an wie flache Ziegelhäuser. Gebäude der Erdform ziehen Nahrung aus ihrer Umgebung.

In einer durch hohe und schmale Formen gekennzeichneten Holzumgebung kann der Erdstandort nur für eine begrenzte Zeit förderlich sein. Nach einer gewissen Zeit ist die Umgebung ausgelaugt. Die Erde bedarf eines Fruchtwechsels und starker Düngung, das Wachstum, auch das geistige, stagniert hier, geschäftlicher Erfolg verlangsamt sich und kommt zum Stillstand. Feng-Shui-Fachleute meiden diese Standorte.

Erde/Flachbauform

Die Erde-Erde-Kombination garantiert starke Stabilität, wenngleich hier Progression nicht zu erwarten ist. Ein Flachdachgebäude auf flachem Land beziehungsweise zwischen anderen Flachbauten bedeutet Erfolg ohne Expansionsmöglichkeiten im geschäftlichen Bereich. Als Wohnhäuser eignen sich unauffällige Mietblocks mit Flachdächern.

Der Erdstandort in einer Metallumgebung, die sich in einer Hügellandschaft beziehungsweise in Kuppelbauten manifestiert, fördert Wachstum, insbesondere junger Menschen. Schulen finden hier eine ideale Lage. Andererseits verschlingen diese Orte Geld: Kommerzielle Unternehmen können hier nicht gedeihen, auch gilt dieser Ort als ungünstig für alte Menschen, die keine bedeutenden Einkünfte mehr haben und deren Ersparnisse schnell aufgezehrt sein werden.

Eine Wasserumgebung, die sich eben durch Wasser oder durch Gebäude von asymmetrischer, außergewöhnlicher Form darstellt, ist für Bewohner eines Erdstandortes sicher. Erde bezwingt Wasser. Erfolg ist hier realistisch zu erwarten, wenngleich auf Kosten der Umgebung. Hier taucht eine Ambivalenz auf, die man häufig bei dem Zusammentreffen zweier Elemente aus deren destruktiver Anordnung findet: Der Erfolg hat zumeist eine Kehrseite. In diesem Fall geht er nicht einher mit der Anerkennung und liebevollen Hochachtung der Menschen. Falsche Schmeicheleien, unechte zwischenmenschliche Beziehungen bilden den traurigen Hintergrund für materielle Erfolge.

Standort mit Metallsymbolik

Diesem Element ist formal der Kreis, der Halbkreis, das Geschwungene zugeordnet, und in der Architektur findet dies in den Kuppeldächern des byzantinischen Stils seinen deutlichsten Niederschlag. Es ist somit eine Form, die weniger in einfachen Wohnhäusern verwendet wird als vielmehr in öffentlichen Gebäuden wie Museen oder Tempeln. Auch Banken und große Geschäftshäuser ziehen die Form des Elementes Metall für ihre Gebäude vor, da diesem der materielle Gewinn symbolisch innewohnt. Außer in den großen, repräsentativen Gebäuden findet sich Metallsymbolik in mit Wellblech gedeckten Lagerhallen oder Verkehrsmitteldepots.

Metall/Kuppelform

Metallstandorte sind in der westlichen Welt eher selten, im privaten Bereich kommen sie kaum vor, und wenn, so bedeuten sie Wohlstand für die Familie, die in dem entsprechenden Gebäude lebt, insbesondere in einer Erdumgebung. Im geschäftlichen Bereich begünstigen sie sowohl in einer Holz- oder Feuer- wie in einer Erdumgebung Erfolg. Allerdings sollte man darauf achten, daß sich die Symbolik der Holzumgebung auf einen Säulenhof bezieht, der beispielsweise das Geschäftsgebäude schmücken könnte. In diesem Fall gedeiht das Unternehmen unbeeinträchtigt. Falls sich jedoch der Holzcharakter aus dem Material der umliegenden Gebäude herleitet, mischt sich in diese Kombination ein unangenehmer Beigeschmack von Protzigkeit und Verschwendungssucht unter Ausbeutung der Armen. In einem solchen Fall gilt es durchaus zu erwägen, ob ein Geschäftsunternehmen nicht besser einen anderen

Standort sucht, um sich das Vertrauen der Kundschaft zu erhalten.

Die Kombination der Elemente Metall miteinander kommt hierzulande nicht vor. Hingegen finden sich durchaus Gebäude mit einer Metallcharakteristik in einer Wasserumgebung. Für kommerzielle Unternehmen ist ein solcher Standort ungünstig, denn da Metall in seiner elementesymbolischen Bedeutung Wasser erzeugt, würde es das ständige Abfließen von Energien und auch Geld bedeuten. Im Gegensatz dazu bietet es sich als Standort für Medienunternehmen an, deren Ziel die breite Ausstrahlung von Kommunikation ist. Auch religiöse Einrichtungen mit ihrer Tendenz zur Verbreitung nach außen finden hier einen günstigen Standort.

Standort mit Wassersymbolik

Von seiner materialen Seite her gehört Glas zum Wasserstandort, formal ist das Wasserelement schwer zu definieren, da Wasser eben keine feste Form besitzt. Alle Gebäude, die nicht den üblichen Formgebungen entsprechen, die starke Unregelmäßigkeiten, Asymmetrien, fließende Bewegungen oder unterschiedliche Architekturelemente enthalten, würden in diese Kategorie gehören. Dabei ist durchaus möglich, daß die Asymmetrie ungeplant ist und sich daraus ergeben hat, daß verschiedene Teile im Laufe der Zeit an das Gebäude angefügt worden sind.

Wasser/Asymmetrie

Charakteristisch für die Wassersymbolik ist allerdings, daß die einzelnen Teile nicht in scharfen Kanten und

Ecken, sondern in fließenden Übergängen an das Gebäude angepaßt werden. In den asiatischen Ländern findet man in größeren Bauten mit Wassersymbolik innen Wasseranlagen wie Springbrunnen und große, offene Aquarien, deren Sinn darin liegt, die Energie des Gebäudes positiv zu unterstützen.

In einer Holzumgebung – deren Kennzeichen in diesem Zusammenhang am ehesten aus Holz errichtete umliegende Häuser sind – eignet sich ein solches Gebäude besonders dann, wenn es der Allgemeinheit dient. Wasser nährt Holz, gibt also an die Umgebung ab. Zudem steht es für die Künste, Musik und Medien, so daß das ideale Gebäude auf einem solchen Standort ein Theater, eine Philharmonie oder auch ein Kommunikationszentrum wäre.

Unglücklich für den Wasserstandort ist eine Feuerumgebung, die man an Spitzdachhäusern oder Gebirgsketten erkennt. Unter Feng-Shui-Aspekten betrachtet, stellt die Glaspyramide vor dem Louvre eine ungünstige Konstruktion dar, weil sie die sich bekämpfenden Elemente Feuer und Wasser aufeinandertreffen läßt.

Ebenso nachteilig wirkt sich der Wasserstandort in einer flachen Landschaft oder zwischen Flachdachhäusern, also in einer Erdumgebung, aus. Die Elemente Erde und Wasser stehen in destruktiver Folge zueinander. Der Einfluß von Erde führt zu einer Wasserverschmutzung. Das bedeutet, daß Menschen, die an einem solchen Schnittpunkt leben, leicht einer Beschmutzung im übertragenen Sinne – etwa durch Verleumdung und nachbarliche Boshaftigkeiten – ausgesetzt sind.

Hingegen steht ein Gebäude mit unregelmäßigen, fließenden Formen in harmonischer Umgebung, wenn diese eine Metallcharakteristik hat, zum Beispiel in Nachbarschaft von Gebäuden mit schwungvollen Kuppeldächern oder Bögen. Sowohl zum Wohnen als auch für geschäftliche Interessen ist dies ein vorteilhafter, wachsenden Reichtum verheißender Ort.

Ein Haus vom Wassertyp steht selten gleichzeitig in Wassernähe. Diese Orte vereinigen Widersprüchliches in sich: Stabilität und gleichzeitig Flexibilität. Hier kann man ein glückliches Leben führen und prosperieren, aber es ist damit zu rechnen, daß die dort lebenden Menschen häufig den Impuls verspüren, in die Fremde zu ziehen, wo sie Erfolge verbuchen und Karriere machen, um jedoch immer wieder nach Hause zurückzukehren.

Regulierende Elemente und Feng-Shui-Hilfsmittel

Die bisherige Darstellung zum Zusammenspiel von Form und Material eines Gebäudes und zu den Elementen seiner näheren und fernen Umgebung gibt nur einen Überblick. Sie läßt außer acht, daß zusätzlich zu den zwei aufeinandertreffenden Elementen noch dritte und vierte Elemente auftreten können. Diese können wiederum aufgrund ihrer unterschiedlichen Erscheinungsweisen im Hinblick auf die ersten beiden als Regulatoren fungieren. Man bezeichnet sie deshalb auch als regulierende Elemente, die sowohl bedrohende Elemente zerstören als auch – umgekehrt – bedrohende Elemente erzeugen können. Wenn beispielsweise eine Wasser-Feuer-Kombination – wie dargelegt – sich ungünstig auswirkt, so gibt es dennoch die Möglichkeit, mit Hilfe des regulierenden Elementes Erde das bedrohende Wasser-Element auszuschalten, etwa indem man überwiegend die der Erde zugeordnete Farbe Gelb verwendet. In diesem Fall würde die Farbe als Regulativum oder Heilmittel eingesetzt.

Ein weiteres häufiges Heilmittel ist das *Aquarium* mit roten Goldfischen ungerader Zahl vor einem Fenster.

Spiegel sind ebenfalls sehr wirkungsvoll, wenn es darum geht, das schädliche *Sha* – negative Energien – abzuwehren oder zu neutralisieren. Spiegeln kommen spezielle Funktionen zu, wobei der Spiegel rund, achteckig oder auf das gegenüberliegende störende Element zugeschnitten sein und einen roten Holzrahmen haben sollte. Der Spiegel wird vielfältig eingesetzt, etwa um die aggressiven Einwirkungen der «geheimen Pfeile» abzuwehren und zurückzusenden.

Lichtquellen sind eine weitere Möglichkeit, das Feng Shui in einem Haus zu verbessern. Hell erleuchtete Lampen hängt man so auf, daß sie die Räume oder einzelne Winkel größer erscheinen lassen.

Klangspiele können den Energiefluß umlenken und präzise beeinflussen.

Kristallkugeln mit Facettenschliff erfüllen den Zweck, die Lichtenergie in einem Raum gleichmäßig zu verteilen.

Bewegtes *Wasser* (in Spring- oder Zimmerbrunnen) stärkt den Energiefluß ebenso wie *Mobiles*.

Pflanzen sind ein besonders gern eingesetztes Hilfsmittel, um kantige Ecken und Winkel zu entschärfen und die Raumatmosphäre zu beleben. Darüber hinaus hat das Grün für die Augen und die Nerven eine harmonisierende, entspannende Wirkung, und dank ihrer Chlorophyllproduktion sind Pflanzen nicht nur symbolische Garanten für Leben und Wachstum.

Steine, Skulpturen, Fahnenstangen, Bäume, Laternen, auch *Klänge* wie von *Glocken* und *Windspielen* sind weitere Hilfsmittel zur Bereinigung und Verbesserung der häuslichen Atmosphäre.

Ein auf den Europäer möglicherweise befremdlich wirkendes, jedoch sehr wirksames Hilfsmittel stellt die *Flöte* dar. Als musikalisches Blasinstrument schafft sie einen positiven Energiefluß, da mit leichten, gleichmäßigen Luftstößen fließende Töne erzeugt werden. Flöten werden häufig an Zimmerwände gehängt, um die Energie des Raumes zu steigern. In einem Schlafzimmer unterstützen Flöten den tiefen und erholsamen Schlaf der Bewohner. Dabei werden häufig zwei Flöten in einem Winkel von fünfundvierzig Grad zueinander mit den Mundstücken nach unten aufgehängt, so daß sie von der Form her im oberen Bereich ein Achteck bilden.

Wasser – Sicherheit und Liquidität

Wasser ist Leben. Wasser gehört zum Menschen und seiner Umgebung. Sehr früh schon suchten die Menschen die Nähe natürlicher Gewässer, so daß sie nicht weite und beschwerliche Wege auf sich nehmen mußten, um täglich zu dem begehrten Element zu gelangen und es zu ihren Heimen tragen zu müssen. Auch in den zivilisatorisch fortgeschritteneren Phasen, in denen Rohrsysteme und Kanäle das Wasser leiteten und zu den Menschen brachten, verlor seine unmittelbare Erreichbarkeit dennoch nicht an Bedeutung. Als sei es den Menschen eine tiefe, aus dem Stammhirn rührende Erinnerung – immer drängt es sie in die Nähe von Flüssen, um dort ihre Wohnstätten zu errichten. Der Blick über Wasser, sei es auf einen See, das Meer oder einen Strom, läßt sich immer noch beim Erwerb von Grundstücken in Geld umrechnen.

Natürlich hat sich auch die chinesische Feng-Shui-Formschule mit den Formen von Wasserwegen, die das flache, hügellose Land durchziehen, befaßt und hieraus Harmonieregeln entwickelt. In den Windungen der Bäche und Flüsse hat man den «Drachen» gesucht, den eine flache Landschaft, in der es nicht die geringste Erhöhung gab, verweigerte. Hunderte von verschiedenen Wassermusterformen wurden von Jiang Pingjie, einem berühmten Philosophen der Ming-Dynastie, beschrieben. Im Hinblick auf die Lage von Gebäuden lassen sich einige Grundregeln beschreiben:

Von großer Bedeutung für positive Energien und Prosperität eines Hauses ist der vor ihm gelegene kleine, rund geformte *Teich*, der *Ming T'ang*, der wegen der großen freien Fläche vor dem Haus dafür sorgt, daß Feinde ferngehalten werden.

Bei *Flüssen* in Hausnähe muß man hinsichtlich der Stromrichtung unterscheiden. Fließendes Wasser wird in China häufig als Symbol für Geld gedeutet. Entsprechend ist auf das Haus zufließendes Wasser günstig, vorausgesetzt, es nähert sich ihm in einer Krümmung. Dann bedeutet es, daß den Bewohnern Reichtum ins Haus steht. Wenn allerdings das Wasser in einer geraden Linie direkt auf das Haus zufließt und kurz vorher in einem scharfen Winkel abgeleitet wird, wird ungünstiges *Sha* dorthin geleitet. Außerdem steht ein Haus, auf das der Fluß direkt zufließt, an gefährdeter Stelle, da bei Hochwasser und einer stärkeren Strömung der Fluß der sehr deutlichen Biegung nicht mehr unbedingt folgen kann. Anders wiederum verhält es sich, wenn der Fluß auf das Haus zuströmt und bei der Biegung einen tiefen Teich bildet, durch den er hindurchfließt. Hier verdeutlicht der Teich den ständigen Zufluß von Geld.

Eine weitere Variante besteht darin, daß das Wasser auf das Haus zufließt, eine Biegung vollzieht und dann vom Haus wieder fortfließt. Dieser Fall wird als nicht genutztes Glück gedeutet: Anstatt das herangeführte Geld zu ergreifen, läßt man es wieder fortschwimmen. Schließlich gibt es verschiedene Formen der Gabelung eines Flusses. Wenn dieser dabei das Haus auf beiden Seiten umfließt, ist es günstig, da der Fluß *Qi* mit sich führt, das das Haus und seine Bewohner von allen Seiten umgibt. Aus gleichem Grund gilt auch die Vereinigung von zwei Flüssen als sehr wohltuend, da die positiven Energieströme sich verdoppeln. Früher wurden Burggräben gezogen, nicht nur aus Schutz vor Feinden, sondern die Bewohner profitierten auch vom wirtschaftlichen Gewinn. Die vielen Zinnen und Spitzen der Burgen und Schlösser ließen sich in positive Energien umwandeln. Im Gegensatz dazu steht die Teilung eines Flusses, die seine Kräfte entsprechend halbiert.

Zusätzlich zu diesen Überlegungen gelten natürlich beim Bau eines Hauses auf einem am Wasser oder in Wassernähe gelegenen Grundstück Sicherheitserwägungen und auch solche, die mit der Gesundheit der dort lebenden Menschen zu tun haben. Auch wenn das Plätschern eines am Haus vorbeiziehenden Flusses eine zutiefst beruhigende Wirkung auf seine Bewohner und besonders auf deren Schlaf ausüben kann, sollten Menschen mit einer Anfälligkeit für Rheuma oder ähnliche feuchtigkeitsbedingte Beschwerden und Krankheiten lieber einen trockenen Standort für ihr Heim suchen.

Die Ausrichtung des Hauses

Wie bereits erwähnt, ist die günstigste Lage für ein Haus auf einem rechteckigen Grundstück auf der mittleren von neun gleichen Parzellen. Aber auch andere Anordnungen, die ursprünglich ungünstig wirken, kann man mit Hilfsmitteln in positive verwandeln.

Als nachteilig gilt eine unausgeglichene Lage, besonders wenn das Haus am vorderen Rand des Grundstücks steht. Wenn das Haus mit seiner Vorderfront direkt an die Straße grenzt, fließen schädigende Energien leichter von außen in das Innere des Hauses, umgekehrt fließen stabilisierende Energien daraus weg. In diesem Fall läßt sich Ausgleich in zweierlei Hinsicht schaffen: Zunächst kann man eine Balance herstellen, indem man an dem äußeren hinteren Rand des Grundstücks ein Nebengebäude errichtet, beispielsweise einen Geräteschuppen, eine Garage, eine Laube. Darüber hinaus sollte man sich um eine Abgrenzung zur Straße hin bemühen; am besten wäre die Errichtung eines kleinen Vorgartens, bei sehr wenig Platz reicht auch eine Hecke. Manchmal ist überhaupt kein Platz vorhanden, aber dann haben die Hausbewohner immer noch die Möglichkeit, durch Ranken oder Spaliere, die sie an der Vorderfront des Hauses hochziehen, zumindest symbolisch die mißliebigen Einflüsse der Straße von sich fernzuhalten.

Ein Haus, das am hinteren Grundstücksrand plaziert ist, gilt als stabil und solide, wenn ein großer Garten davorliegt. Diese Anlage fördert das Gedeihen der dort ansässigen Familie über mehrere Generationen.

Negative Energien durch Geraden und Winkel

Sich die Natur als Vorbild zu nehmen ist niemals falsch. Betrachten wir einmal die dort vorkommenden Formen: Rundungen, Wellen, Spiralen, nie jedoch vollkommen gerade Linien oder scharfe Winkel.

In der chinesischen Tradition des Feng Shui ist ein die Natur respektierendes Denken lebendig. Die berühmte

Chinesische Mauer zieht sich keineswegs geradlinig über Tausende Kilometer durchs Land, sondern schlängelt sich in kleinen Windungen. Geradliniges wird als Verletzung betrachtet. Negative Energien entstehen durch lange, gerade Strecken. Daher sollte man es vermeiden, daß ein Weg geradewegs auf das eigene Haus zuführt. In sanft geschwungenen Kurven bewegt sich *Qi*, das *Sha* hingegen auf geraden Wegen. Legen Sie Flure und Pfade in Haus und Garten, wenn möglich, stets unter Berücksichtigung dieser Grundüberlegung an.

Wenn eine gerade Straße direkt auf ein Haus zuführt, kann man die negativen Energien, die sie heranbringt, auch vorher ablenken oder zerstreuen. Eine bereits genannte Möglichkeit besteht darin, mittels eines über die Eingangstür gehängten Spiegels die schlechten Energien zurückzuwerfen. Das negative *Qi* eines auf das Haus zuführenden geraden Weges kann man durch Bäume oder durch Abrundung der spitzen Ecken verbessern. Des weiteren kann man mit einigen Stufen die Haustür erhöhen, so daß schädliches *Sha* nicht direkt auf den Eingang prallt. Nach chinesischer Tradition würde man aber gleichzeitig einen Stein oder eine Skulptur unten an die Treppe legen, um zu leichtes Herausfließen von positiven Kräften – und mit ihnen von materiellem Wohlstand – zu vermeiden. Ein großer, schwerer Gegenstand blockiert den Energiefluß und hält eine Situation somit stabil.

Auch kann eine Mauer oder eine zwischen der Straße

Eingänge von Häusern

Wege zum Haus werden gewunden angelegt, damit die schädigenden Sha-Energien nicht zum Hauseingang gelangen, wie es sonst bei geraden Wegen geschieht.

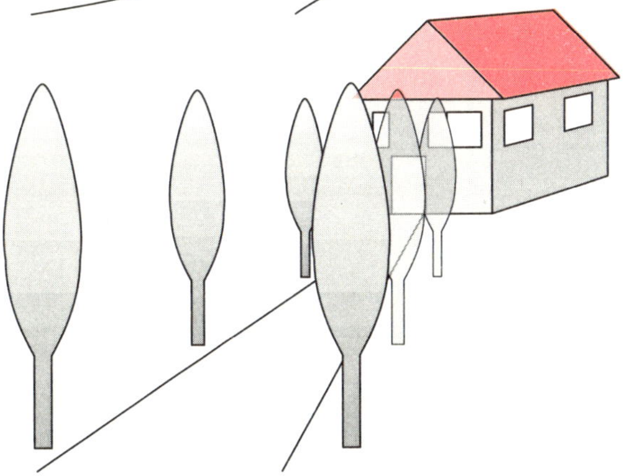

Die schädigenden Sha-Energien eines geraden Weges zum Hauseingang werden durch links und rechts am Weg angepflanzte Bäume aufgehalten.

und dem Haus angelegte Hecke schlechte Energie fernhalten.

Weitere unglückliche gerade Linien liegen bei Kanälen und Eisenbahngleisen vor.

Besonders die sogenannten «geheimen Pfeile», die durch Winkel hervorgerufen werden, deren Spitzen sich wie aggressive Waffen gegen einen richten, werden als gefährlich eingestuft. Also sollte man darauf achten, daß möglichst keine nachbarlichen Hausecken auf das eigene Haus zielen.

Solche Pfeile von anderen Gebäuden gelten als krankmachend und schwächend. Sie können auch durch Dächer von Nachbarhäusern entstehen, deren gedachte Verlängerung in einem spitzen Winkel das eigene Haus trifft und somit Aggressionen gegen seine Bewohner richtet. Bei den traditionell gebauten asiatischen Häusern sind die Dächer außen nach oben geschwungen, damit erst gar kein Schaden entsteht.

Doppelt belastend sind gerade Straßen, die auf ein Haus zuführen und dann kurz vorher in einer scharfen Kurve abbiegen, da sich hier die negativen Energien des geraden Weges mit denen des «geheimen Pfeiles» verbinden. Wenn man diese nicht abwehrt – zumal, wenn der Pfeil direkt auf die Haustür oder ein Fenster weist –, können die Hausbewohner dauerhaft und empfindlich geschädigt werden.

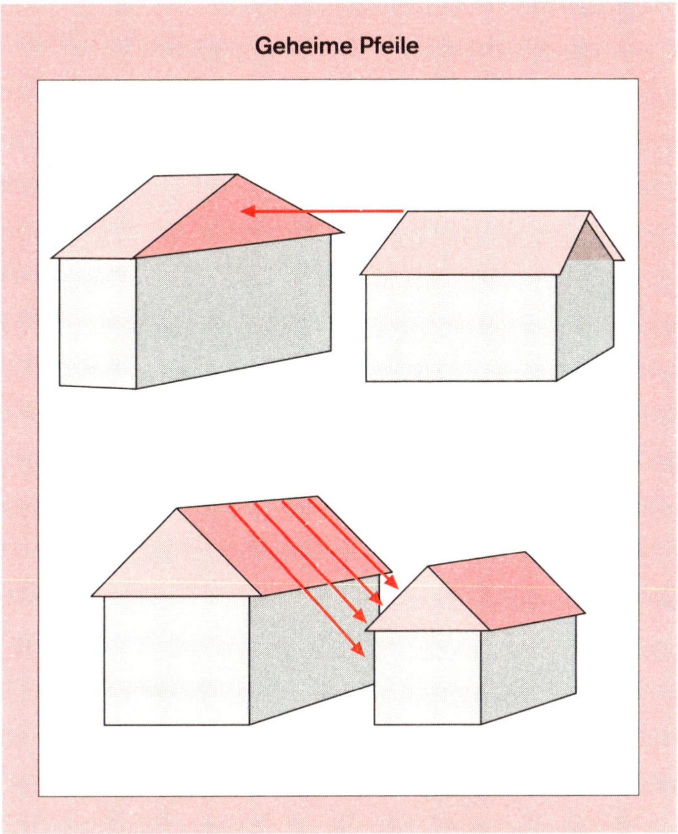

Wie lassen sich die schädlichen Einflüsse vermeiden? Auf Hausmauern gerichtete «geheime Pfeile» kann man durch Ornamente entschärfen, die an den Stellen angebracht werden, an denen der als verlängert gedachte Pfeil aufprallen würde. Natürlich kann ein solcher Aufprall auch durch eine solide Mauer verhindert werden.

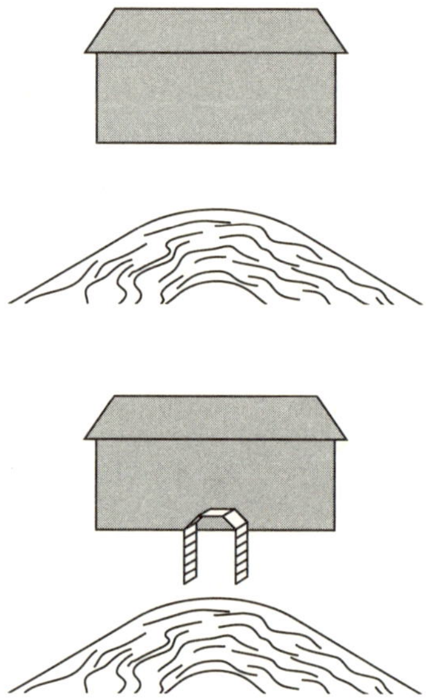

Ein Spalier entschärft den geheimen Pfeil, den der Wasserlauf bildet.

Mauern allerdings sind nur unter großem Aufwand hochzuziehen und darüber hinaus oft häßlich. Auch erwecken sie einen abweisenden und gegenüber der Außenwelt abgrenzenden Eindruck. Hübscher ist ein Spalierbogen, an dem man Pflanzen ranken läßt. Er erfüllt den gleichen Zweck.

«Geheime Pfeile» können schädigen, auch wenn sie nicht sichtbar sind, etwa unterirdische Kanal- und Abwasserrohre. Sorgen Sie bereits vor dem Hausbau dafür, daß das Abwasser das Haus hinten hinaus verläßt, und zwar in seitlicher Richtung. Günstig ist es, das Abwasser in gleicher Richtung abfließen zu lassen, aus der das Frischwasser gekommen ist.

Unbedingt zu beachten ist die Regel, daß das Abwasser unsichtbar – das heißt unterirdisch – verschwindet, was durch das moderne Kanalisationssystem ohnehin gewährleistet ist. Auch innerhalb des Hauses sollte Abwasser immer in Rohren verschwinden und nicht, wie man das in älteren Waschküchen gelegentlich noch sehen kann, offen über einen zum Abfluß sich neigenden Boden. Sonst ist nicht garantiert, daß die schädlichen Energien wirklich mit fortgeschwemmt werden. Wenn eine Waschmaschine nicht mit dem Abfluß in der Wand verbunden ist, sollte man das Abwasser durch ein langes Plastikrohr, das über den Boden bis zum Abfluß verläuft, ableiten. Dies ist eine einfache, aber wirksame Lösung.

Nicht zu unterschätzen ist der schlechte Einfluß von Telefon- und Strommasten, an die wir so sehr gewöhnt sind, daß sie uns kaum noch auffallen. Dennoch führen die Versorgungsleitungen negative Energien mit sich. Sie sollten am besten keinen Winkel zum Haus bilden, sondern seitlich zu ihm und praktisch parallel mit der Frontseite verlaufen. Masten dieser Art sollten keinesfalls direkt vor Fenstern stehen. Wenn doch, neutrali-

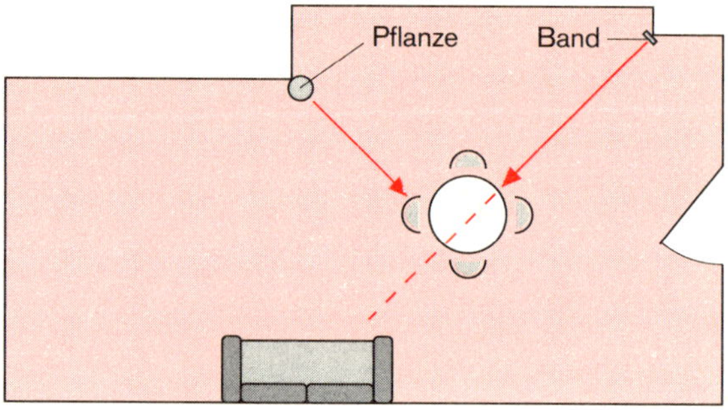

Geheime Pfeile in Innenräumen durch scharfe Mauerkanten, hier entschärft durch geeignete Objekte.

siert ein in dem entsprechenden Zimmer aufgestelltes Aquarium die schädliche Wirkung. Günstig ist ein an der Außenwand angebrachter Parabolspiegel, der auf die Masten zeigt.

Innerhalb eines Hauses sind scharfe Kanten, die durch rechtwinklig angeordnete Mauern entstehen, besonders häufige Quellen der «geheimen Pfeile». Hier stellt man am besten vor diese scharfen Kanten hohe Pflanzen auf. Spiegel sind ein bewährtes Mittel, um die Kanten zu reflektieren und in einem stumpfen Winkel abzuwenden. Eine andere Feng-Shui-Methode besteht darin, vor diesen Kanten – oder umgekehrt auch vor Winkeln – die in China so beliebten Perlenvorhänge oder einfach Bänder anzubringen.

Anordnung der Räume nach Himmelsrichtungen – Die Trigramme des Feng Shui

Feng Shui kennt ein altes, im altchinesischen *I-Ging* – dem «Buch der Wandlungen» – festgeschriebenes komplexes System von vielfältigen Korrespondenzen, die zwischen den Himmelsrichtungen, Familienbeziehungen, Elementen, Eigenschaften, Tätigkeiten und den acht Sequenzen sogenannter Trigramme bestehen. Die Chinesen benutzen traditionell das System der Trigramme, um zu entscheiden, in welchen Zimmern welche Tätigkeiten gemäß den entsprechenden Energieflüssen am sinnvollsten ausgeübt werden können.

Dieses System in seiner Gesamtheit darzustellen, würde den Rahmen dieses Buches sprengen. Auch glaube ich, daß man nicht jedes einzelne Detail für die praktische Umsetzung kennen muß. Beim Feng Shui gilt, wie bei so vielen vernünftigen Schulen, die sich auf die natürlichen Wurzeln des Menschen besinnen, daß unser gesunder Menschenverstand und unsere gefühlsmäßige Intuition uns den rechten Weg weisen. Es ist gar nicht nötig, in jedem Fall alle komplizierten Hintergründe dafür zu kennen, *warum* eine Sache günstig und bekömmlich ist. Wichtig ist, *daß* sie es ist und wir dies empfinden.

Dennoch möchte ich an dieser Stelle einen kurzen Überblick über die Gedankenwelt geben, die hinter den acht als heilige Embleme geehrten Trigrammen steckt.

Trigramme nach Feng Shui

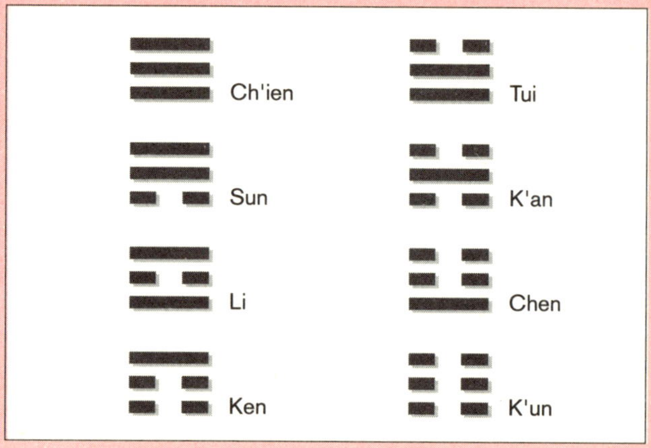

Die Bezeichnung leitet sich daher, daß jedes einzelne der acht Zeichen aus einer Kombination von langen und kurzen Strichen besteht, die in drei Reihen übereinander angeordnet sind. Jedes Zeichen besitzt einen Namen und ist zusammen mit den anderen so in einem Achteck angeordnet, daß jedem eine Himmelsrichtung zugewiesen ist, wobei außer den Kompaßpunkten Süden, Osten usw. auch die dazwischenliegenden «Ecken» – also Südosten usw. – vertreten sind.

Es gibt unzählige Möglichkeiten, die Trigramme im Achteck anzuordnen. Je nachdem, welches der Symbole nach Süden ausgerichtet ist, bestimmt sich die Anordnung von positiven und negativen Bereichen und Himmelsrichtungen innerhalb eines Hauses. Es läßt sich also nicht pauschal sagen: Ein Wohnzimmer sollte in jedem Fall nach Süden hinausgehen, auch wenn das grundsätzlich eine positive Richtung ist. Wer sich sein Haus nach reinen Feng-Shui-Kriterien einrichten will, sollte sich von einem Fachmann beraten lassen.

In unserem Fall beschränken wir uns auf durchaus zulässige und mögliche Verallgemeinerungen, die einen nützlichen Leitfaden für die individuelle Ausgestaltung des eigenen Heims liefern können.

Die *Küche* als der Ort, wo Nahrung nicht nur zubereitet, sondern auch zu sich genommen wird, stellt traditionell das Zentrum eines Haushalts dar. Er fand deshalb einen entsprechend zentralen Ort in der Mitte des Hauses, etwa zu einem Innenhof hin. Das läßt sich häufig mit modernen architektonischen Erfordernissen nicht in Einklang bringen. Generell ist eine westliche Lage für die Küche ebenfalls günstig.

Für das *Arbeitszimmer* eignet sich die nördliche Ausrichtung in mehrfacher Hinsicht: Die Lichtbedürfnisse einer Arbeit am Schreibtisch erfordern Helligkeit, ohne daß man durch zu hellen, direkten Sonnenschein beeinträchtigt wird. Zum andern steht der Norden in engem Zusammenhang mit Kreativität, so daß hier eine innere Beziehung zwischen Tätigkeitsfeld und Himmelsrichtung gegeben ist.

Zur Lage des *Schlafzimmers* läßt sich wenig Allgemeines sagen, außer daß es nach Möglichkeit nicht nach Süden hinausgehen sollte. Ob nach einer anderen Himmelsrichtung, hängt von einer Reihe von Faktoren ab, die man selbst abwägen sollte. Diese können mit der Lage zu einer befahrenen Straße oder zu Garagen, von denen her Motorenlärm und Abgase ins Zimmer eindringen, ebenso zu tun haben wie mit individuellen Bedürfnissen. Günstig ist sicherlich ein Schlafzimmer nach Osten, so daß die Morgensonne den Raum mit Energie versorgt, wenn diese besonders wohltuend ist. Ein Schlafzimmer nach Westen empfängt die Sonne erst am späten Abend. Hier können ihre Strahlen zwar nicht als Stärkungsmittel für den neuen Tag genutzt werden, aber dafür als ein Mittel zur Entspannung, das wiederum die Nachtruhe unterstützt.

Für das *Bad* als einen Raum, in dem Wasser eine wichtige Rolle spielt, bietet sich der Norden als Himmelsrichtung an. In vielen Wohnungen und Häusern hat das Badezimmer heutzutage leider keine Fenster und wird künstlich beleuchtet. Hier besteht die Gefahr, daß *Qi* nicht hindurch- und wieder hinausfließen kann, sondern stagniert und zu toter Energie wird. Auch entsteht so Feuchtigkeit in den Bädern. Selbst wenn es aus praktischen Erwägungen sinnvoll erscheint, das Badezimmer neben die Küche zu legen, so daß in der Wand gemeinsame Wasserleitungen genutzt werden können, ist eine direkte Nachbarschaft beider Räume nicht gut.

Als allgemein akzeptierte und sinnvolle Anordnung gilt,

daß das *Wohnzimmer* im günstigsten Fall nach Süden weist. Im Einzelfall ist aber auch eine Ost- oder Westrichtung sinnvoll, etwa wenn der Raum überwiegend am Vor- beziehungsweise Nachmittag genutzt wird. Hier richtet man sich vernünftigerweise auch nach dem Sonneneinfall.

Türen, Fenster und Zimmerformen

Türen

Türen spielen in einem Haus eine wichtige Rolle für den Energiefluß. Sie beeinflussen seinen Weg und seine Richtung. Haustüren sollten sich nicht nach außen öffnen, denn positive Energien würden sich zu schnell verlieren, ohne daß sie für die Bewohner förderlich gewesen wären, während gleichzeitig auch die Wirkung einer nach außen aufgehenden Tür, in der der Hausbewohner steht und Zugang ins Innere und den Blick darauf verwehrt, auf den Besucher abweisend wirkt. Nach innen sich öffnende Türen hingegen zeigen ihm, daß er willkommen ist.

Eine Tür, die sich auf einen langen Gang öffnet, zieht schlechte Energien ins Haus. Hier sollte man eine Zwischentür oder einen Vorhang anbringen. Sehr vorteilhaft wirken sich auch Vorhänge aus Perlen aus. Ganz ungünstig ist es, wenn die Vorder- und die Hintertür eines Hauses einander direkt gegenüberliegen, da so – auch im übertragenen Sinn – leicht Durchzug entsteht. Die Energieflüsse verlassen zu schnell wieder das Haus, ohne zuvor ihre stärkende, nährende Wirkung in den Räumen voll auszuüben. Wenn die gesamte Energie

Ausrichtung von Türen

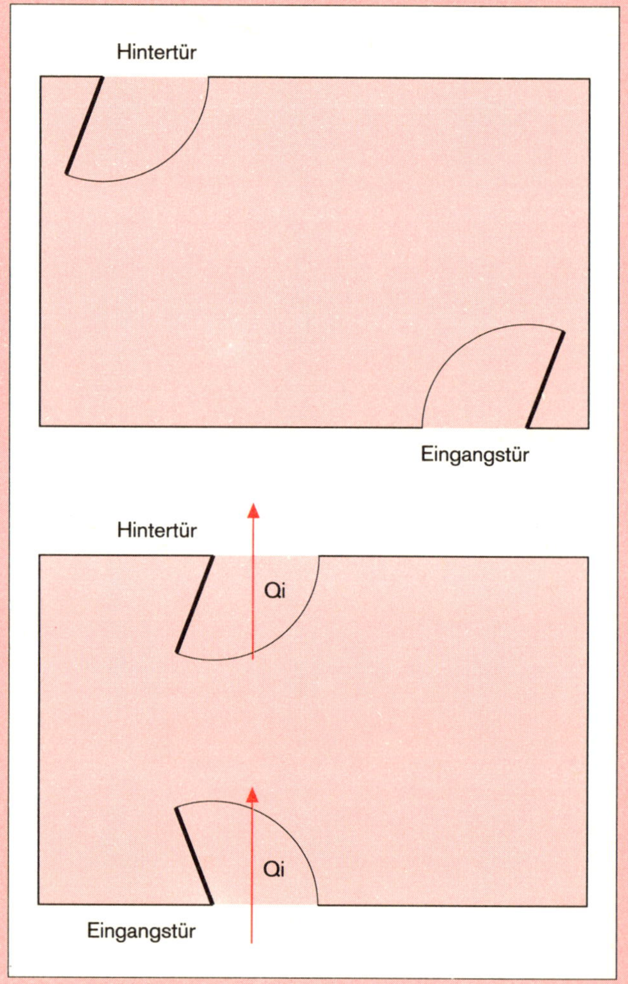

durch die Hintertür «verschwindet», haben die Bewohner nicht genug *Qi* für eine gute Gesundheit. Langfristig resultiert daraus ein Mangel an Vitalität, Motivation und Antrieb, was sich insbesondere auch im Arbeitsleben ungünstig auswirkt, wo zunehmend Fehler gemacht und mangelhafte Leistungen erbracht werden.

Wenn in einem Korridor zwei Türen gegenüberliegen, ergibt sich dann ein besonderes Problem, wenn die eine Tür wesentlich größer als die andere ist. Eine Lösung für dieses Problem besteht darin, neben die kleinere Tür einen Spiegel zu hängen. Auch ein Windspiel kann die energetisch ungünstige Situation entlasten. Größe und Länge von Spiegel und Windspiel sollte je nach der Intensität des Problems variieren.

Eine der Tür gegenüberliegende *Treppe* behindert eine positive Energieentfaltung in den unteren Räumen, da das *Qi* sofort nach oben zieht. Abhilfe schafft ein zwischen Tür und Treppe hängendes Klangspiel oder eine Pflanze. Ein *Spiegel* oben am Treppenabsatz lenkt das *Qi* ab. Am besten wäre es jedoch, wenn man der Treppe eine Rundung gibt und die unteren Stufen in einer 45°-Biegung im unteren Geschoß ankommen läßt.

Übrigens sind geschlossene Treppenstufen offenen vorzuziehen, weil sich dann die Energieschwingungen nicht so diffus verteilen und nur noch wenig Energie oben ankommt. Durch einen Teppich kann man eine offene Treppe relativ unaufwendig schließen.

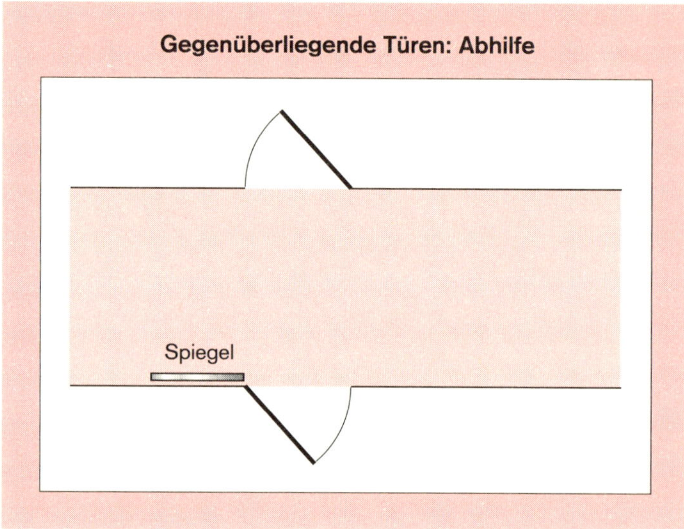

In Häusern mit doppelten Eingangstüren sollten beide nach innen zu öffnen sein und die Türangeln an ein und derselben Seite sitzen. Wenn die Innen- und die Außentür in unmittelbarer Nachbarschaft zueinander liegen, ist es wichtig, daß sie einen harmonischen, geregelten Eindruck machen. Andernfalls ist es für die guten Energieströme kaum möglich, ins Haus einzudringen. Ist eine Anpassung der Türaufhängungen nicht zu realisieren, so kann man eine disharmonische Anordnung dadurch ausgleichen, daß man gegenüber der Außentür einen großen Spiegel – oder großzügige Spiegelkacheln – anbringt.

Aus energetischen Gründen werden *Fenster* in jedem Raum gebraucht, da positive Energien in lichtlosen Räumen keinen natürlichen Ausgang finden und absterben. Totes *Qi* allerdings belastet das Feng Shui eines Raumes so stark, daß Menschen es aus gesundheitlichen Gründen vermeiden sollten, sich hier lange aufzuhalten. Wir werden noch darauf zu sprechen kommen, mit welchen Mitteln man trotzdem die energetische Grundsituation, etwa eines fensterlosen Badezimmers, wie es sich ja bedauerlicherweise in vielen Wohnungen findet, heben kann.

Fenster

Für welchen Fensterrahmen man sich entscheidet, bleibt den eigenen Vorlieben, dem Stil des Hauses und natürlich den Vorgaben des Geldbeutels überlassen. Wichtig allerdings ist, daß ein dauerhafter Luftaustausch zwischen Innen und Außen gewährleistet ist. Hat man Fenster, die hermetisch dicht schließen, so sollte man unbedingt durch regelmäßiges, am besten zweistündliches Stoßlüften für eine bekömmliche Raumatmosphäre sorgen.

Fensterkreuze, die inmitten des Fensters angebracht sind, begünstigen die positiven Energien innerhalb eines Raumes. Hingegen sind Rechtecke, also Kreuze, deren Balken nicht mittellinig verlaufen, ungünstig. Bei einem etwa im oberen Fensterdrittel verlaufenden Querbalken verbleiben lediglich zehn Prozent der Grundenergie, die von außen kommt, im Zimmer. Abhilfe schafft man einfach, indem man einen zusätzlichen Streifen auf der Scheibe anbringt, so daß die Kreuz-

**Fensterkreuze:
Ideale Formen und Abhilfe bei ungünstigen Formen**

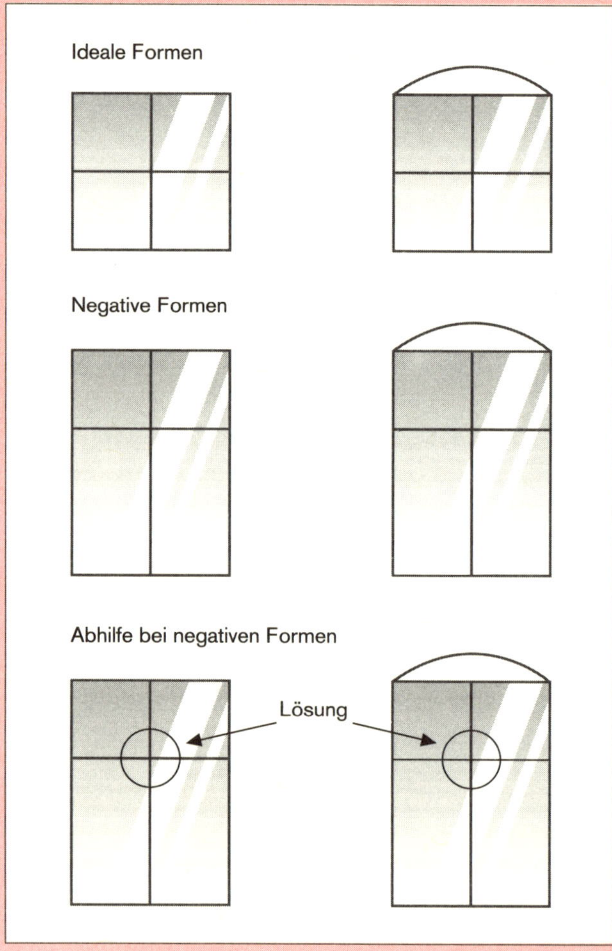

aufteilung wieder ins Gleichgewicht gerät. Eine ungleichgewichtige Fensteraufteilung läßt sich auch mit einem vor das Fenster gehängten Blumenkranz harmonisieren. Der vor das Kreuz gelegte Kreis erhöht aufgrund seiner symbolischen und formalen Kraft die Energie um 60 Prozent, ist also ein sehr wirksames Problemlösungsmittel, wenn durch das falsch angebrachte Kreuz schlechtes *Qi* entsteht.

Als besonders attraktiv gilt hierzulande ein großer Wohn-Eß-Bereich, der das Haus auf seiner gesamten Länge durchzieht und an beiden Seiten einander gegenüberliegende Fenster besitzt. Diese Anordnung ist aus Gründen der Raumenergie jedoch nachteilig. Hier zieht die stärkende Energie direkt aus dem Fenster hinaus, ohne den Raum angereichert zu haben. Diese Ruhelosigkeit schlägt sich psychologisch auch in verminderter Konzentrationsfähigkeit der Menschen in einem solchen Raum nieder. Ihnen fehlt dort die Möglichkeit, einen mentalen Schwerpunkt zu finden, sich zu versenken, zur Ruhe zu kommen. Auch wenn ausreichender Lichteinfall ein wichtiger Faktor für das Wohlbefinden ist, sollte man sich doch für ein einziges Fenster entscheiden, das als Hauptlichtquelle dient. Sinnvollerweise sollte es dasjenige Fenster mit dem schönsten Aussichtsblick, zum Beispiel in den Garten, statt vorn auf die Straße sein, während das gegenüberliegende Fenster überwiegend abgedunkelt oder mit Pflanzen zugehängt wird.

Zimmer/Rechteck

Die beste Form eines Zimmers ist das Rechteck. Die Tür befindet sich idealerweise an einer der beiden angrenzenden Wände zu der Wand mit dem Fenster, also nicht dem Fenster direkt gegenüber. Dabei sollte sich die Tür am besten in der Mitte dieser Wand befinden oder recht nah an die der Fensterseite gegenüberliegende Wand herangezogen sein. Die Zimmertür öffnet sich, wie bereits erläutert, nach innen, und zwar so, daß sie vom Fenster weg eingehängt ist.

Große Räume sind häufig über Eck gebaut. Beliebt ist die L-Form für den Wohn-Eß-Raum. Ecken aber sind für den Energiefluß hinderlich, so daß es ratsam ist, das Zimmer optisch in zwei Räume zu unterteilen. Dafür reicht bereits ein Sichtschutz in Form von unregelmäßig aufgestellten hohen Pflanzen, die mit ihren Blättern keine «geheimen Pfeile» in den Raum senden dürfen, oder ein Raumteiler, um die starren Formen aufzulösen und den Eßzimmeranteil vom Wohnbereich deutlich sichtbar zu trennen.

Dachräume mit Schrägen erwecken oft einen gemütlichen Eindruck. Allerdings gilt es zu bedenken, daß gerade hier die Einrichtung dem menschlichen Bedürfnis nach Raum besonders sorgfältig angepaßt sein muß. Ein Sitzplatz, gar ein Bett direkt unter einer Schräge engt ein, nicht nur im übertragenen Sinne. Tatsächlich erleidet die Aura, die als ein feinstoffliches Energie- und Schwingungsfeld jeden Menschen in einer Ausdehnung von mindestens dreißig Zentimetern umgibt, Dellen und Beulen, die schädlich auf die Energiesituation des

Menschen zurückwirken. Plazieren Sie also ein Bett in einem Dachraum so, daß genügend Raum zur Entfaltung der Aura gewährleistet ist.

Ein Balken darf keinesfalls quer über dem Bett verlaufen, weil er die Energieaufladung der Schlafenden behindert. Gerade in einem Dachzimmer ist es häufig schwierig, den Dachbalken aus dem Wege zu gehen. Versuchen Sie unbedingt, auch wenn der Raum klein ist, das Bett so aufzustellen, daß der Balken parallel zum Bett verläuft. Gleiches gilt für jegliche Sitzgelegenheit, also auch für Sofas im Wohnzimmer, über denen kein Deckenbalken verlaufen darf.

Gestaltung unserer Wohn- und Arbeitsräume

Der Eingang

Der Eingang eines Hauses ist von zentraler Bedeutung, da er den ersten Eindruck von der häuslichen und familiären Situation beeinflußt. Nicht nur gibt er einen ersten Hinweis auf die materiellen Verhältnisse seiner Bewohner, sondern er läßt auch Rückschlüsse auf die Natur der hier wohnenden Menschen zu und weckt gewisse Erwartungen gegenüber ihnen. Ein dunkler, lichtloser Eingang in ein Haus oder eine Wohnung wirkt auf den Besucher beklemmend und erregt Besorgnis auch im Hinblick auf die Menschen, die hier hausen. Hingegen erweckt ein heller, lichter Eingang auch die Erwartung auf entspannte, offene, heitere Menschen.

Schön ist natürlich ein geräumiger *Empfangsraum*, der dem Besucher das Gefühl gibt, daß er willkommen ist und daß man ihn wichtig nimmt. Hat man nur einen kleinen engen Windfang zur Verfügung, so besteht die Möglichkeit, ihn durch viel Glas und Spiegel zumindest optisch zu vergrößern und gleichzeitig den Ort, an dem man seine Gäste begrüßt, weiter ins Innere des Hauses zu verlegen.

Ein langer *Korridor* ist aufgrund seiner Geradlinigkeit energetisch ungünstig. Aber mit Hilfe von ausreichenden und an passenden Stellen angebrachten Lampen und Spiegeln läßt sich die schnurgerade Form auflockern.

Besonders wohltuend wirken *Rundbögen*, sowohl am Eingang eines Korridors als auch in dessen Mitte. Sie stabilisieren die atmosphärische Grundsituation, hemmen einen zu schnellen oder schädlichen Energiefluß und haben zudem optisch eine angenehme Wirkung. Auch wenn Korridore meist über wenig natürliche Lichtquellen verfügen, sollte man sie mit genügend – lichtunabhängigen – Pflanzen versehen, die auch an dunkleren Plätzen gedeihen und dazu dienen können, das Klima zu verbessern. Bitte bedenken Sie im Falle von langen geraden Korridoren, daß sie, besonders in Wohnungen auf einer Etage, die Gefahr einer Polarisierung der Bewohner beinhalten. Achten Sie darauf, daß durch die Anordnung der Zimmer die Familie nicht in zwei Lager gespalten wird. Eine solche Raumaufteilung tendiert dazu, daß sich unbewußt Gruppen innerhalb einer Gemeinschaft bilden, deren Grenze durch den langen Flur verläuft.

In einem Haus mit weiteren Stockwerken ist eine gewundene, möglichst breite *Treppe* günstig, ideal wäre eine Spiralform. Die zirkulierenden Energieströme entstehen auch aufgrund der Wege, die Menschen, ihrerseits Träger von Lebensenergie, beschreiben. Man braucht also nur die Bewegungsrichtungen der Menschen in einem Haus zu betrachten, um zu erkennen, ob die Energien in angenehmen Wellen strömen. Je fließender, runder, gar spiralförmiger die Wege innerhalb eines Hauses angeordnet sind, desto höher ist die Energiekonzentration in ihm.

Im rechten Winkel zum Eingang hat die Treppe eine günstige Lage. Nach Möglichkeit sollte sie von der Eingangstür her nicht zu sehen sein. Eine seitliche Lage der Treppe, an einer Wand entlang, ist besser als eine Position inmitten eines Raumes.

Farblich sollten unbedingt helle, einladende Töne vorherrschen. Ein Weiß mit gelblichem oder rosigem Farbzusatz, der den Empfang warm und freundlich gestaltet, bildet einen guten Hintergrund für gleichfalls eher pastellene Bilder, Spiegel und viele Pflanzenarrangements.

Das Wohnzimmer

Das Wohnzimmer ist in den meisten Wohnungen von zentraler Bedeutung. Es ist der Ort, an dem die Familie gesellig beisammen ist und zu einer Einheit wird, wenn jedes einzelne Mitglied seinen eigenen persönlichen Schlaf-, Arbeits- oder Wohnbereich verläßt. Im Wohnzimmer kommt man zusammen, um sich zu begegnen. Die Atmosphäre dieses Raumes muß stimmen. Sie muß gesund und belebend sein, sie muß die Familienharmonie fördern und unterstützen. Eine negative Energiesituation in diesem Raum kann auf Dauer dazu führen, daß die Familie auseinanderbricht, weil jeder einzelne dieses Zimmer meidet und sich in seine eigenen Bereiche oder gar in außerhäusliche Gefilde zurückzieht, um dort Entspannung zu suchen.

Farblich erzeugt man die Voraussetzungen für Entspannung durch zarte Blau- oder Grüntöne, die eine besonders förderliche Wirkung auf das Nervensystem haben.

Schön ist es daher, wenn man von seinem Wohnzimmer hinaus in den Garten oder auf Grünanlagen sehen kann, wohin man auch abends den Blick richtet, wenn die Augen von der Arbeit, etwa am Bildschirm, oder nach ganztägiger Konzentration am Schreibtisch ermüdet sind. Es erübrigt sich eigentlich zu erwähnen, daß der Blick auf eine hügelige Wald- und Wiesenlandschaft ebenso wohltuend ist, in der man idealerweise auch auf Gewässer sieht, sei es Bach, See oder Teich.

Geht der Blick durchs Fenster nicht auf eine grüne Umgebung hinaus, sollten im Wohnraum selbst *Grünpflanzen* als Oasen der Beruhigung nicht fehlen. Besonders wichtig sind Zimmerpflanzen für Menschen, die in Betonwohnhäusern leben und keinen freundlichen Ausblick ins Grüne genießen können. Die fehlende optische Wirkung sowie ein Defizit an Sauerstoffproduktion müssen von innen her ausgeglichen werden. Eine Tapetenwand mit Blumen-, Baum- oder Dschungelmotiven, auch ein grüner Teppich können die wohltuende Wirkung von Pflanzen noch unterstützen. Über deren raumteilende Wirkung in L-förmigen Wohn-Eß-Räumen wurde bereits gesprochen.

Vorherrschende Blau-Grün-Töne wirken in unserem Kulturkreis eher kalt. Wollen Sie sich in Ihrem Wohnzimmer mit warmen Tönen umgeben, die das Gefühl von Gemütlichkeit und Geborgenheit geben, empfehle ich, mit Blau und Grün zurückhaltend zu sein und statt dessen als Wandanstrich ein sanftes Gelb oder Apricot zu wählen. Am stärksten vermittelt das «Santa-Fé-Apricot» – von mir so bezeichnet wegen der ganz speziellen Färbung dieser Stadt und ihrer Umgebung – den Eindruck von Geborgenheit, weil es der gedämpften Rotgelb-Färbung, die im Mutterleib vorherrscht, am nächsten kommt.

Auch Braun ist eine Farbe, die ein Gefühl der Sicherheit vermittelt. Man fühlt sich in braunen Sitzmöbeln möglicherweise deshalb behaglich, weil man den Schutz der Farbe, die Mutter Erde symbolisiert, empfindet. Auffällig ist in diesem Zusammenhang auch, daß kleine Kinder sich zu braunen «Kuschelecken» zum Spielen hingezogen fühlen und sich gern darin Verstecke bauen. Quantitativ sollte man eher vorsichtig mit Braun umgehen, da es, falls es überwiegend auftritt und den Raum beherrscht, die Kreativität hemmt und sogar die Unterwürfigkeit fördert. Daß die Nationalsozialisten Braun zu ihrer Symbolfarbe machten, hatte verschiedene Aspekte, wovon die Erziehung zu absolutem Gehorsam sicherlich einer – wenn auch ein wahrscheinlich unbewußter – war. Kommt in Ihrem Wohnzimmer bereits Holz vor, etwa im Fußboden oder in den Möbeln, sind die Brauntöne ausreichend vertreten. Achten Sie darauf, daß Erd- und Himmelsfarben ausgeglichen sind.

Sicher können diese allgemeineren Richtlinien nicht alle individuellen Farbbedürfnisse erfüllen. Sehr deutlich ausgeprägte Farbvorlieben haben durchaus ihren besonderen Hintergrund und geben oft Hinweise darauf, daß der Mensch die Wirkung von bestimmten Farben in ihrer heilenden und besänftigenden Funktion benötigt und aus diesem Grund die Farbe unbewußt besonders mag. Manchmal ist man sich über seine Farbvorlieben auch nicht im klaren. Benutzen Sie den von mir entwikkelten Farbentest, und finden Sie heraus, welche Farbe Ihnen guttut. Sie können dann die entsprechende Farbe in Ihrem Wohnzimmer verwenden.

Natürlich wäre es nicht ratsam, sehr dunkle oder grelle Farben als Wandanstriche zu benutzen. Rot, ein kräftiges Orange, ein tiefdunkles Blau oder Violett dürfen durchaus entsprechend Ihrer Farbvorlieben Akzente setzen. Je kräftiger eine Farbe ist, desto sinnvoller ist es, sie so zu verwenden, daß man sie ohne größere Umstände wieder austauschen kann. Hervorragend eignen sich in diesem Fall Kissenbezüge und Einrichtungsgegenstände wie Vasen, Tischdecken, Lampen und Kerzenhalter u. ä., die man auch aus Gründen der Abwechslung schon gelegentlich einmal austauschen sollte.

Auch *Bilder* setzen dominierende Akzente und lassen sich leicht austauschen. Sehr wirkungsvoll unterstützt ein *Blumenstrauß* im Zimmer die psychische Stabilität. Denken Sie nur an die herrlich wohltuende und befreiende Wirkung der ersten saftiggelben Narzissen, die das Ende eines langen, kalten und grauen Winters ankündigen!

Ein nach Holz riechendes *Feuer* im Kamin kann zwar Gemütlichkeit verbreiten, aber die wohltuenden Energien ziehen leicht zu schnell durch den Schornstein nach draußen. Damit sie zuvor den Raum durchfließen und beleben, helfen *Spiegel* im Raum, das *Qi* hindurchzulenken. Interessanterweise sieht man auch in unseren Breiten oft Spiegel über Kaminen hängen, obwohl die Bewohner sicherlich nicht bewußt nach den alten chinesischen Weisheiten verfahren sind. Hier zeigt sich, wie man intuitiv das Förderliche tun kann, auch wenn man sich nicht mit der theoretischen Seite bestimmter Lehren und Schulen vertraut gemacht hat.

Kaum noch gibt es ein Wohnzimmer, das nicht hochtechnisiert ist. So angenehm auch der Komfort durch Stereoanlagen, Fernseh- und Videogeräte sein mag, so beschert uns die Technik gleichzeitig und in zunehmendem Maße gesundheitsschädliche Strahlungen. Starker *Elektrosmog* geht von Fernsehern aus, daher empfehle ich zur Neutralisierung schlechter Strahlen die Farbe Türkis in der Umgebung des Geräts, möglicherweise als Anstrich für die dahinter liegende Wand. Auch sollte man den Stecker aus der Wand ziehen, sobald das Gerät ausgeschaltet ist. Darüber hinaus hilft ein mit den Zacken nach hinten ausgerichteter türkisfarbener Kamm, die Computer- oder Fernsehstrahlung zu vermindern.

Unbehandelte *Naturmaterialien* sind chemischen Mischfasern vorzuziehen: Holz für den Boden und die Möbel, Baumwolle oder Leder für die Sitzgelegenheit. Achten Sie darauf, daß keine «geheimen Pfeile» auf das Sofa oder den Sessel gerichtet sind, beziehungsweise leiten Sie deren destruktive Energien durch Pflanzen, Paravents, Spiegel oder einen dekorativen Bogen um.

Bei der *Anordnung der Möbel* ist darauf zu achten, daß die Sitzmöbel möglichst einander gegenüber oder in einem rechten Winkel zueinander – parallel zu den Wänden – stehen. Dadurch wird die kommunikative Situation verstärkt. Da man nach chinesischer Tradition mit dem Rücken weder zur Tür noch zum Fenster sitzen sollte, wäre die ideale Anordnung die, daß vor dem Fenster der Tisch steht und im rechten Winkel dazu die Sitzmöbel an den zwei seitlichen Wänden entlang angeordnet sind. So fällt Sonnenlicht seitlich durch das Fenster auf die einander gegenüber sitzenden Menschen und blendet niemanden. Falls die Tür sich weit entfernt von der Fensterseite

Wohnzimmer: Anordnung der Möbel

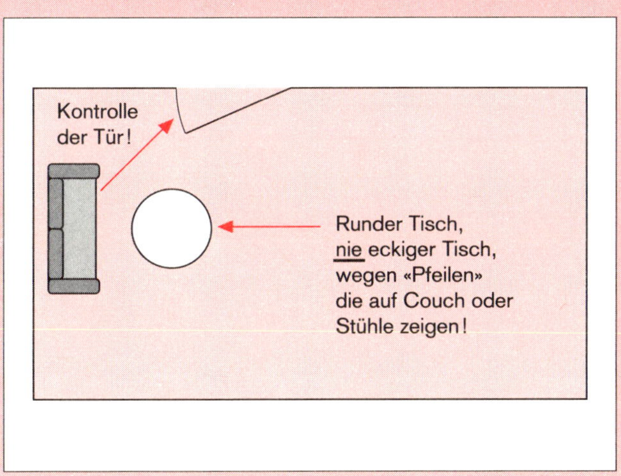

befindet, könnte man auch die Sitzmöbel seitlich nahe vor dem Fenster plazieren und den Tisch am äußeren Ende diesem gegenüber. Bei dieser Aufstellung der Möbel hat jeder Anwesende im Raum sowohl das Fenster als auch die Tür im Blick und braucht durch unerwartete Besucher, die sonst in seinem Rücken das Zimmer betreten könnten, nicht überrascht zu werden. Falls die räumlichen Vorgaben keine andere Position für die Sitzmöbel ermöglichen als die, bei der man mit dem Rücken zur Tür sitzt, sollte man einen Spiegel so anbringen, daß man jederzeit die Tür im Blick hat. Übrigens erachten die Chinesen einen nach Süden gerichteten Sessel als einen Ehrenplatz, den sie besonderen Gästen anbieten. Der Wohnzimmertisch sollte immer rund sein, da ein eckiger Tisch wegen der «geheimen Pfeile», die auf die Couch oder die Stühle gerichtet wären, Unglück bringt.

Bei der Möbelanordnung ist die ungehinderte Bewegung des in das Zimmer eindringenden *Qi* zu berücksichtigen. Daher ist es wichtig, daß im Inneren des Wohnzimmers vor der Tür ausreichend Raum zu seiner Entfaltung vorhanden ist. Günstig ist in jedem Fall ein freier Raum in der Mitte des Zimmers, der als «Teich», wie es im Feng Shui heißt, das heißt als Energie- und Konzentrationsmittelpunkt dient.

Bilder an der Wand entfalten starke suggestive Kräfte. Man sollte sie daher sorgfältig auswählen und in die eigenen Überlegungen auch die Kenntnis des Bewußtseinsstandes des Malers einbeziehen, den die Bilder in ihrer Aura abstrahlen. Je weiser und vollkommener ein Maler in seiner Persönlichkeitsentwicklung ist, je tiefer er in sich ruht, desto positiver reflektieren seine Bilder. So empfinde ich beispielsweise sehr stark den wohltuenden Einfluß der Gemälde von Dazze Kammerl, einem Maler, der täglich zwei Stunden meditiert.

Wohltuenden, vitalisierenden und harmonisierenden Einfluß übt die Präsenz gewisser Formen im Raum aus. Die *Spirale*, beziehungsweise ihre Symbolisation etwa in einer als Schmuckobjekt ausgestellten Muschel, unterstützt uns dabei, unseren Mittelpunkt zu finden. Dank ihrer Kräfte können wir uns in Übereinstimmung nicht nur mit unserer natürlichen Herkunft bringen, sondern ebenso mit den kosmischen Kräften, die bei der Entfaltung unserer Persönlichkeit mitwirken und Einfluß auf unseren Lebensweg nehmen.

Auch *das Ankh-Kreuz und das Urkreuz* (in der Form eines Plus-Zeichens) helfen. Das Ankh-Kreuz hebt die Raumionisierung und wirkt sich stabilisierend und tonisierend auf die Atmosphäre aus. Traditionell gelten in China *rote Schnüre*, die von der Decke herabhängen, als Feng-Shui-Heilmittel, um die Qualität der Raumatmosphäre zu heben.

Über die *Anordnung von Türen und Fenstern* im allgemeinen wurde oben bereits gesprochen. Speziell für das Wohnzimmer sollte man darauf achten, daß sie sich an einander benachbarten Wänden befinden. Eine Tür, die gegenüber dem Wohnzimmerfenster angebracht ist, läßt ebenso die positiven Energien zu schnell entweichen wie zwei einander gegenüberliegende Türen oder Fenster.

Da beim Betreten des Wohnzimmers der Blick des Besuchers zunächst auf die gegenüberliegende *Wand* fällt, ist auch hier genau zu erwägen, wie man diese gestaltet. Sie sollte möglichst frei bleiben, also nicht mit schweren Wandmöbeln zugebaut sein. Gelöste, luftige Arrangements rufen die günstigste Wirkung hervor: eine niedrige Anrichte mit Blumen, Kerzen, ein für die Sinne angenehmes Bild. Manchmal blicken einem von dieser Wand her Jagdtrophäen wie Hirschköpfe entgegen – ein erschreckender Anblick. Noch weniger vertrauenerweckend sind so martialische Gegenstände wie gekreuzte Schwerter, die Aggressivität ausstrahlen und sich dem das Zimmer betretenden Besucher in eher unangenehmer Weise vermitteln.

Auch wenn rustikale *Deckenbalken* wegen ihrer behaglichen Wirkung häufig für Wohnräume sehr beliebt sind, gelten sie nach Feng-Shui-Regeln als ungünstig, besonders wenn sich darunter Schlaf- oder Sitzgelegenheiten befinden. Möglicherweise steckt die (jedenfalls in früheren Zeiten und bei nicht sehr solide gebauten Häusern) durchaus reale Gefahr dahinter, daß ein Balken auf den darunter Schlafenden oder Sitzenden fallen und ihn erschlagen könnte. Wie auch immer, diese Regel wird auch heute noch streng von Feng-Shui-Geomantikern bei der Inneneinrichtung von Häusern oder Wohnungen beachtet.

Das Eßzimmer

Im Eßzimmer kommt man zusammen, damit alle Familienmitglieder sich gemeinsam ernähren und stärken, auch um sich gegenüber der Außenwelt mit körperlicher und geistiger Energie aufzuladen. Dem Eßzimmer kommt somit in doppelter Hinsicht eine kommunikative Aufgabe zu. Die Nahrung, die man zu sich nimmt, kommuniziert mit dem Körper, wird von ihm einverleibt, und die Menschen unterhalten sich bei Tisch miteinander und pflegen den Gedankenaustausch.

Da diesem Raum schwerpunktmäßig kommunikative Aufgaben zukommen, sollte seine Einrichtung seiner Funktion entsprechen. Außer eines Tisches und Stühlen bedarf es nicht viel, wahrscheinlich ist eine Anrichte oder ein Geschirrschrank noch sinnvoll, die beide in früheren Zeiten in dem damals beliebten Buffet kombiniert waren.

Der *Tisch* findet seinen angemessenen Platz an zentraler Stelle, entweder in der Mitte des Raumes oder, falls dieser sehr groß ist, in der Nähe eines Fensters. Eine achteckige Tischform gilt als ideal, da ihre symbolische und formale Kraft zur Abwendung von negativen Energien für die gesamte Familie, die sich hier regelmäßig einfindet, von Vorteil ist.

Auch eine runde oder ovale Tischform ist positiv. Sie unterstreicht den Aspekt der Verständigung an diesem Ort, vermeidet zu harte Kanten zwischen den einzelnen Familienmitgliedern und läßt dennoch die Möglichkeit offen, daß Mutter und Vater einen hervorgehobenen

Sitzplatz einnehmen, jedenfalls an ovalen und achteckigen Tischen, nämlich an deren jeweiliger Kopfseite. Wenn man Gäste hat, die man ehren möchte, kann man ihnen die entsprechenden Kopfplätze zuweisen.

Nach chinesischer Tradition symbolisiert der runde Tisch Harmonie, Freundschaft, den Himmel, während ein viereckiger Tisch Sinnbild für die Erde ist und hierarchische Beziehungen unterstreicht. In dem achteckigen Tisch, der gewissermaßen sowohl eine runde wie auch eine ovale Form darstellt, findet sich eine Synthese beider Elemente wieder. Daher ist in China diese Form sehr beliebt.

Die *Sitzanordnung der Familienmitglieder* ist entsprechend der Trigramme und Himmelsrichtungen festgelegt. Der Vater nimmt den Platz im Nordwesten ein und ihm gegenüber die älteste Tochter den Platz im Südosten. Die Mutter sitzt an dem Platz, der der südwestlichen Himmelsrichtung entspricht, und ihr gegenüber, im Nordosten, der jüngste Sohn. Der älteste Sohn sitzt an der Ostseite des Tisches genau der jüngsten Tochter an der Westseite gegenüber, während der mittlere Sohn im Norden seine Entsprechung zu der mittleren Tochter im Süden findet. In dieser Anordnung spiegelt sich die größtmögliche Harmonie, in der hinsichtlich Alter und Geschlecht komplementär verfahren wird. Diese Anordnung läßt sich je nach Himmelsrichtung des Raumes oder Ausrichtung des Fensters verschieben. Allerdings gilt als Regel, daß der Vater (oder der Ehrengast) eine möglichst nördliche Position in dem Eßzimmer einnimmt, damit er die Möglichkeit hat, gegen Süden zu sitzen und hinauszusehen.

Wie lassen sich diese Harmonieregeln auf unsere Verhältnisse übertragen? Die wenigsten Familien bestehen aus den Eltern und drei Söhnen und drei Töchtern, so daß man einfach die dargestellte Sitzordnung übernehmen könnte. Eine Orientierungshilfe sollte hier die Frage nach der größtmöglichen Harmonie bei Tisch sein: Die Eltern sollten nicht als Block ihrem Kind oder ihren Kindern gegenübersitzen. Suchen Sie eine ausgewogene Verteilung, wobei Sie sowohl generationen- als auch geschlechtsbezogen eine ausgeglichene Anordnung anstreben sollten. Es spricht auch nichts dagegen zu variieren, Plätze zu tauschen, auf festgelegte Sitzverteilungen zu verzichten. Ein Hang zu Gewohnheiten widerspricht allerdings häufig zu großer Offenheit und Flexibilität bei der Sitzordnung am Eßtisch. Die meisten Menschen neigen dazu, sich – in ganz unterschiedlichen Umgebungen – für einen bestimmten Platz zu entscheiden, den sie, oft unbewußt, immer wieder aufsuchen.

Appetitlosigkeit eines Familienmitgliedes könnte ihre Ursachen in einem festen Sitzplatz haben. Natürlich essen Kinder oft beängstigend wenig (und entwickeln sich dennoch wunderbar), aber bei sehr auffälligen Eßstörungen sollte man durchaus und unter anderem untersuchen, ob der Stuhl der betroffenen Person nicht möglicherweise auf einer geopathischen Stelle steht, die für die Appetitlosigkeit verantwortlich ist.

Farben können den Appetit stark beeinflussen. Orange wirkt am stärksten appetitanregend. Für jemanden, der nicht gern ißt und besonders am Morgen keinen Bissen hinunterbekommt, sollte Orange in der nahen Umgebung zur wirkungsvollen Verfügung stehen: Ein Bild im Eßzimmer mit heiteren, vorwiegend gelben, orangenen und roten Farbtönen hebt die Stimmung und regt auch den Appetit an. Ebenso wirkungsvoll sind Blumen der entsprechenden Farbe auf dem Tisch. Die Farbe kann auch innerlich ihre Wirkung entfalten, indem man ein Glas Orangen-, Aprikosen- oder Mangosaft vor dem Frühstück trinkt. Stellen Sie Obst dieser Farbe auf den Tisch. Auch wenn die Person, die nur unter Schwierigkeiten etwas hinunterbekommt, nicht danach greift – was aufgrund der Farbenergien dann aber durchaus möglich sein kann –, so regt die Obstfarbe doch den allgemeinen Appetit an.

Bei einem Wandanstrich und Möbeln in diesen anregenden, erweiternden Farben wäre ich allerdings vorsichtig, denn Orange ist eine sehr intensiv wirkende Farbe, derer man daher leicht überdrüssig werden kann. Auch darf man nicht vergessen, daß sich im Eßzimmer die ganze Familie versammelt und in der Regel nicht alle Mitglieder mit den gleichen Schwierigkeiten zu kämpfen haben.

Entsprechend muß man umgekehrt darauf achten, Orange und andere anregenden Farben zu vermeiden, falls jemand von dem Gegenteil, nämlich zu großer Eßlust und damit einhergehendem *Übergewicht*, betroffen ist. In solchen Fällen sollte man mit kühleren Farben wie dunklem Blau den Körper von seiner Lust auf Leckeres ablenken und ihn bremsen.

Nicht nur das Auge ißt mit, auch die Energieschwingungen der Farben werden als Information vom Körper aufgenommen. Der Choleriker – ein Rottyp –, sollte möglichst viele grüne Speisen zu sich nehmen: grünes Gemüse wie Spinat, Broccoli, Erbsen und Bohnen, grüne Äpfel («An apple a day keeps the doctor away»), auch grüne Getränke, etwa Pfefferminz- und andere Kräutertees. Hingegen empfehle ich dem Phlegmatiker – ein Blautyp – dringend, gelbe, rote und orangefarbene Speisen und Getränke zu sich zu nehmen, wobei neben den verschiedenen bereits genannten Obstsorten als Gemüse besonders Karotten in Frage kommen.

Bei der Farbgestaltung des Eßzimmers sollte man auch praktische Erwägungen nicht vernachlässigen. Ein knallig orangefarbenes Service kann sicherlich sehr dekorativ sein und hinsichtlich seiner appetitanregenden Entfaltung sehr wirkungsvoll, birgt aber die Gefahr, daß man sich schnell daran «satt» gesehen hat. Ein Service zu ersetzen ist teuer. Einfacher ist es, wenn man die Farbakzentuierung durch die Wahl der Tischdecke, die man ja täglich wechseln kann, durch Servietten, Kerzen, Blumen und ähnlich unaufwendig auszutauschende Gegenstände vornimmt.

Allgemein sind für die dauerhafteren Accessoires, wie etwa ein Eßservice, neutrale Töne zu empfehlen. Ein weißes Service paßt zu jedem Anlaß, und farblich kann man auf farbigen Tischdecken damit schöne Akzente setzen. Auch die harmonisierenden Farben Grün und Rosa sind für das Service günstig, die in dieser Kombination übrigens sehr dekorativ sind und sich leicht den unterschiedlichsten Farbumgebungen anpassen.

Besonders in dem Raum, in dem man regelmäßig Nahrung zu sich nimmt, ist es wichtig, daß *natürliche Materialien* verwandt werden. Die Stühle sollten mit Baumwolle, möglicherweise auch mit Alcantara bezogen sein. Beide Stoffe besitzen eine Schwingungsfrequenz, die auf den menschlichen Organismus harmonisierend wirkt, eine wichtige Voraussetzung beim Essen. Hingegen ist dringend von Kunstfaserbezügen, insbesondere aus Polyester, abzuraten, da die Kunstfaser bereits nach wenigen Minuten einen nachweislich negativen Einfluß auf den Körper ausübt und das Wohlbefinden schwächt. Auch bei der Wahl des Vorhangstoffes im Eßzimmer sollte man die Qualität sorgfältig prüfen, denn gerade Dekorationsstoffe beinhalten häufig die für den menschlichen Körper schädlichen Kunstfasern.

Beim Material des Services empfehle ich Ihnen, sich darüber zu informieren, bei welchen Temperaturen Keramik gebrannt wurde. Bei zu niedrigen Temperaturen hergestellte Keramik kann nämlich radioaktiv strahlen und die Gesundheit auf Dauer schädigen.

Als Material für den Eßtisch empfehle ich Holz. Massives Holz lebt und fördert ein ausgeglichenes, gesundes

Raumklima, wie es für eine Umgebung, in der man sich gesund ernährt, erforderlich ist. Nach Feng-Shui-Tradition ist Holz das Symbol des Nährens und gehört somit in alle Bereiche der Ernährung. Moderne Eßtische bestehen teilweise oder völlig aus Metall. Edelstahl, Glas oder einer Kombination aus all dem. Da Metall Informationen abstrahlt, ist es gerade in einem Rahmen, der durch Kommunikation gekennzeichnet ist, ungünstig. Das Tischgespräch kann so durch unsichtbare Informationsabgabe gestört werden, ganz ohne daß die Gesprächsteilnehmer ahnen, wodurch ihre Verständigung sich schwierig gestaltet.

Einen letzten Hinweis möchte ich an dieser Stelle noch auf die *Qualität der Nahrung* geben, die wir zu uns nehmen. Wir sehen ihr nicht an, wie qualität- und energievoll sie ist. Untersuchungen mit der Kirlianfotografie haben jedoch gezeigt, daß Speisen, die mit der Mikrowelle bestrahlt worden sind, keine eigene Strahlung mehr besitzen, energetisch also tot und somit auch als Nahrung für den Menschen kaum noch von Wert sind. Ich rate dringend vom Gebrauch der Mikrowelle ab, kann Ihnen aber einen Rat geben in bezug auf Lebensmittel, deren Eigenschwingungen erlahmt sind. Eine einfache Methode besteht darin, über der Speise zu beten und ihr durch die Kraft und Konzentration unserer Gedanken Energie zu vermitteln. Oder wir lassen den Lebensmitteln die Energien einer Pyramide zukommen. Einige Minuten unter (oder über) eine Pyramide gestellt, lädt sich das Nahrungsmittel mit Energien und neuen Nährstoffen auf.

Die Küche

Als einziger Raum im Haus vereint die Küche die vier Elemente Feuer, Wasser, Metall und Holz – und damit die vier Himmelsrichtungen Süden, Norden, Westen und Osten – zu annähernd gleich großen Teilen: Das Feuer heizt den Herd, auf dem die Speisen gekocht werden, das Wasser gehört zu dem Bereich, in dem das Geschirr gespült wird. Dieses wiederum ist von seinen Materialien her überwiegend dem Metall zugeordnet, und der Heizstoff – Brennstoff, Kohle, Gas – gehört dem Holzelement an. Insofern stellt die Küche einen Mikrokosmos der Elemente dar, in dem einzig das Erdelement fehlt. Um diesen Mangel auszugleichen, wurden in früheren Zeiten in chinesischen Häusern die Küchen ins Zentrum, zu einem Innenhof hinaus, gebaut. So war das Element Erde durch die mittlere Lage im Haus vertreten und gleichzeitig die Küchenofenwärme bestens zum Beheizen des gesamten Hauses genutzt. Mittlerweile findet man eine solche Anordnung kaum noch, schon gar nicht in westlichen Häusern, wo der Innenhof selten vorkommt.

Im Hinblick auf die Lage der Küche gilt es zu bedenken, daß das Gleichgewicht der Elemente erhalten bleiben soll, um ein gutes Feng Shui zu erreichen. Liegt die Küche nach Süden, wird das Feuerelement vorherrschend, bei einer noch Norden ausgerichteten Küche ist das Wasserelement überbetont – beide Fälle sind ungünstig. Hingegen kann die Ausrichtung nach Westen, die dem Element Metall entspricht, sich für die Küchenlage als günstig erweisen. Denkbar wäre auch eine nach Norden gelegene Küche, mit Fenstern nach Westen.

Küche: Anordnung der Elemente

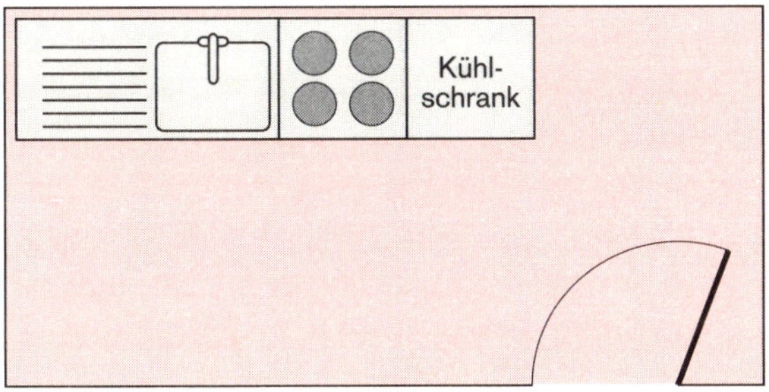

Ungünstige Anordnung, da Herd und Spüle sowie Herd und Kühlschrank die Elemente Feuer und Wasser aufeinandertreffen lassen, was einen Verlust an Energie zur Folge hat. Abhilfe: Folie aus Metall zwischen jeweils zwei Elemente.

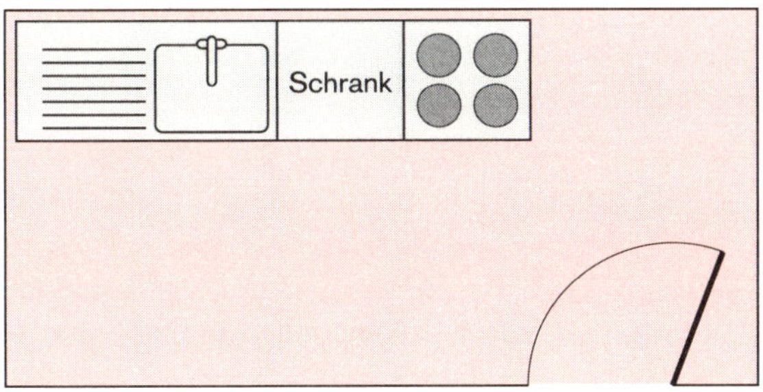

Zwischen Spüle (Wasser) und Herd (Feuer) vermittelt ein Schrank – eine harmonische Anordnung der Elemente.

Innerhalb der Küche sollte man auf die Beziehungen der einzelnen Elemente untereinander Rücksicht nehmen. Der Herd darf nicht direkt neben der Spüle stehen, da Feuer und Wasser sich sonst in destruktivem Verhältnis zueinander befinden. Zumindest sollte ein Schrank zwischen Herd und Spüle die beiden Elemente trennen, und günstig wäre es, wenn Metalltöpfe und -kochgeschirr in diesem Schrank aufbewahrt würden oder – dort, wo noch mit Holz geheizt wird – der Korb mit dem Brennmaterial. In diesem Fall befinden sich Metall oder Holz als vermittelnde Elemente zwischen Feuer und Wasser. Kühlschrank und Kühltruhe stehen an einer anderen Wand, möglichst bei der Vorratskammer. Zwischen Kühlschrank und Spülmaschine einerseits als den Vertretern des Wasserelementes und dem Ofen und/oder Herd andererseits als den Feuerrepräsentanten sollte idealerweise ein Abstand von zwei Metern liegen.

Besonderes Augenmerk sollte man bei der Einrichtung der Küche auf die Anordnung von Tür und Herd legen. Am günstigsten wäre eine Lage, bei der der Herd von allen Seiten begehbar ist und der Kochende mit dem Gesicht zur Tür steht. Meistens allerdings ist der Herd direkt an der Wand, wobei die ungünstigste Lage die ist, bei der man beim Kochen der Tür den Rücken zuwendet. Eine Lösung für dieses Problem besteht darin, um den Herd herum Spiegel anzubringen, so daß man den Eingang nicht aus dem Blick verliert. Ein weiterer günstiger Aspekt des Herdspiegels liegt in seiner symbolischen Funktion: Je mehr Flammen ein Herd hat und je mehr davon in Betrieb sind, desto günstiger wirkt sich das auf die finanzielle Situation des Haushalts aus. Durch die Spiegel vor dem Herd wird die Anzahl der Kochstellen optisch großzügig vermehrt. Damit steigt auch die Chance, den eigenen Wohlstand zu vergrößern.

Im chinesischen Denken gilt eine Küche, die sich nahe beim Hauseingang befindet, als unvornehm. Diese Lage wird so gedeutet, daß die Bewohner dem Essen eine übertriebene Bedeutung beimessen und mehr an ihr leibliches Wohl als an ideelle Dinge denken. Solch unangenehmen Eindruck von Gefräßigkeit und Gier vermeidet man, indem man die Küche möglichst weit weg vom Eingang plaziert.

Ein weiterer, schon bei der Planung zu beachtender Aspekt ist der, daß Küche und Bad beziehungsweise Toilette nicht aneinander grenzen sollten. Häufig allerdings findet man diese Nachbarschaft, da die Wasserleitungen und Abflußrohre in der gemeinsamen Wand praktisch zu nutzen sind. Man sollte sich dennoch bemühen, wenigstens einen Abstellraum oder einen kleinen Flur zwischen beide – so unterschiedliche – Bereiche zu legen, denn für das Feng Shui ist es ganz schlecht, wenn Ausgeschiedenes des einen Raumes in den anderen eindringt. Auf diese Weise wird schädliches *Sha* erzeugt. Aus gleichem Grunde sollte ein Bad nicht über einer Küche liegen oder umgekehrt. Die Vermischung von verbrauchter Luft läßt sich in dieser Nachbarschaft nicht vermeiden.

Auch neben dem Schlafzimmer ist die Küche ausgesprochen ungünstig plaziert.

Es versteht sich von selbst, daß die Küche nicht allzu weit vom Eßzimmer entfernt sein sollte. Zu lange Wege zwischen beiden Räumen sind unpraktisch und ermüden die Bewohner, in erster Linie wohl die Hausfrau, beim umständlichen und unnötigen Hin- und Hertragen von Geschirr und Speisen, ganz davon abgesehen, daß die Speisen auf längeren Wegen schneller erkalten.

Eine *Wohnküche* ist in moderner Architektur leider kaum noch vorgesehen. Darin werden die Zubereitung von Speisen, das Essen und das Gespräch und geselliges Miteinander zu einer natürlichen Einheit verbunden. Dabei ist dieser Ort eher für die Familie als für einen größeren Kreis geladener Gäste angemessen. Selten sind Wohnküchen so geräumig, daß neben dem Kochbereich ein großer Tisch mit Stühlen in gehörigem Abstand zum Herd Platz findet. Dies aber ist Voraussetzung für eine funktionierende Wohnküche: Kochen und Essen müssen deutlich voneinander getrennt sein. Die Nahrungsaufnahme wird empfindlich gestört, wenn der Tisch so steht, daß er sich inmitten von verschiedenen technischen Geräten befindet, die einerseits ablenken und andererseits schädliche Strahlen abgeben.

Eine separate, geräumige Sitzecke in der Küche ist gemütlich. Sie wird vornehmlich von der Familie in alltäglichen Situationen genutzt, zum Beispiel bei den weniger förmlichen Frühstücken. Eine hübsch und freundlich eingerichtete Küche ist für das Wohlbefinden sehr wichtig. Leider wird dieser Aspekt häufig unterschätzt. Viele Menschen halten die Küche für einen rein funktionalen Ort, bei dem es hauptsächlich wichtig ist, daß alle Arbeitsgeräte vorhanden und an praktischen, leicht zugänglichen Stellen sind, daß die Hygiene gewährleistet und die Reinigung einfach ist. Diese lediglich auf Funktionalität beschränkte Sichtweise läßt außer acht, daß man sich im Laufe des Tages relativ häufig in der Küche aufhält, zur Essensvorbereitung und zu den informellen Mahlzeiten, und daß eine sympathische Atmosphäre erforderlich ist, um Speisen liebevoll und bekömmlich herzurichten und einzunehmen.

Für die Küche, zumal die Wohnküche, gilt in besonderem Maße, was hinsichtlich der Farbgestaltung des Eßzimmers gesagt wurde. Für Menschen, die antriebsschwach sind, die morgens Schwierigkeiten haben, wach zu werden und «in die Gänge zu kommen», ist ein warmer, heiterer Orangeton in der Küche sehr hilfreich. Er regt den Kreislauf und den Appetit an und bringt auch die Verdauung in Gang. Lassen Sie sich durch ein Plakat in Eßtischnähe inspirieren, verzichten Sie nicht auf den regelmäßigen morgendlichen Orangensaft (oder trinken Sie, wenn Sie einen empfindlichen Magen haben, Mango-, Apfel-, Aprikosen- oder Karottensaft). Ein farbenfroher Frühlingsstrauß am Morgen läßt Sie den Tag mit mehr Kraft und Schwung beginnen. Die richtigen Farben in einer freundlichen Küche können aus einem Morgenmuffel einen beschwingten Menschen machen, der voller Elan den neuen Tag beginnt.

Zu den elektrischen Geräten in der Küche ist zu sagen, daß sie in der Regel zu viele schädliche Strahlen abgeben. Andererseits sind gerade Hausfrauen berechtigterweise glücklich über die großartigen Erleichterungen, die sie dank technischer Neuerungen in ihren Küchen genießen. Spülmaschinen, Kühlschränke, Küchenmaschinen, Mixer, Gefrierschränke, Entsafter, elektrische Eierkocher, Brotmaschinen und Mikrowellengeräte sind Hilfen, auf die man ungern verzichtet, wenn man sich an diese Erleichterungen einmal gewöhnt hat. Dennoch möchte ich dringend vor einer kompletten Elektrifizierung der Küche warnen, nicht zuletzt auch aus Gründen des Umweltschutzes, denn je mehr Energie wir verbrauchen, desto mehr Kohlendioxid wird produziert, das bekanntermaßen für die Zerstörung der Ozonschicht verantwortlich ist. Als besonders gefährlich schätze ich die Mikrowelle ein, deren Strahlen die Eigenenergie von Lebensmitteln abtöten, so daß die Speise, die nach der Mikrowellenbehandlung übrig bleibt, als Nahrungsmittel kaum noch Wert hat. Verzichten Sie nach Möglichkeit auf dieses Küchengerät, und unterbrechen Sie auf jeden Fall die Stromverbindungen zu den Geräten, wenn diese nicht im Einsatz sind.

Auch wenn hygienische Bestrebungen derzeit eine Küchenmöbelmode durchgesetzt haben, derzufolge die Einbauküchen fugenlose, glattwandige, häufig weiße oder graue Möbel aus modernsten Kunststoffen sind, gilt grundsätzlich, daß nach seiner inneren Bestimmung und symbolischen Verwandtschaft Holz das Material ist, das dem Zweck des Nährens am ehesten entspricht. Zudem steht eine Holzküche keineswegs im Widerspruch zu Hygiene- und Sauberkeitsvorschriften. Sie ist leicht zu reinigen und garantiert eine positive Grundbeschaffenheit des Raumklimas.

Das Arbeitszimmer

Traditionell leistet man im Arbeits- oder Studierzimmer «Kopfarbeit», wobei man zumeist an einem Schreibtisch sitzt und von Bücherregalen und -schränken umgeben ist.

Da in diesem Raum eine sowohl ruhige und friedvolle wie auch geistig anregende Atmosphäre herrschen soll, sind Schränke und Regale, die an den Wänden entlang aufgestellt sind, sinnvoll. Sie dämpfen von außen hereindringende Geräusche ab und garantieren Ordnung und Übersichtlichkeit für den Arbeitsbereich. Feng Shui sieht als günstigste Bedingung vor, daß das Zentrum des Raumes möglichst frei und geräumig ist. Dies ermöglicht es dem Qi, langsam und frei durch den Raum zu fließen. Gleichzeitig ist es wichtig, daß das Auge nicht durch Gegenstände inmitten des Raumes abgelenkt wird. Wenn der Blick in einer geräumigen *leeren Raummitte* verweilen kann, steigert das die Konzentration und das Denkvermögen.

Eine *Nordlage* ist im allgemeinen für das Arbeitszimmer günstig: Zunächst bedarf es keines hellen Sonnenscheins zur Beleuchtung, und zudem ist ein indirektes Licht zum Studieren besser. Tagsüber reicht normales, von außen hereinfallendes Licht, wenn der Arbeitsplatz in Fensternähe ist. Ansonsten wird dieser durch eine Schreibtischleuchte erhellt. Das restliche Zimmer sollte eher in gedämpftem Licht gehalten sein, da eine hell leuchtende Umgebung zu sehr die Aufmerksamkeit des Arbeitenden ablenkt. Auch wegen seiner Affinität zum Wasser, dem Element des Studierens und der Kommunikation, bietet sich der Norden als günstige Lage für diesen Raum an.

Auch der *Schreibtisch* steht gut, wenn er nach Norden ausgerichtet ist. Allerdings muß man die Lage des Fensters beachten. Bei einem nach Norden weisenden Arbeitszimmer findet der Schreibtisch einen passenden Platz direkt vor dem Fenster. Die Beleuchtungsfrage ist von entscheidender gesundheitlicher Bedeutung, da sie einen Faktor für Ermüdung und Überlastung der Augen darstellt, der in direktem Zusammenhang mit dem Licht steht. Während in der Natur die Lichtquelle, der Himmel, über uns ist, haben wir es am Arbeitsplatz häufig mit einer umgekehrten und unnatürlichen Lichtrichtung zu tun. Schreibtischlampen richten häufig einen konzentrierten Lichtschaft auf die Schreibtischplatte, die aufgrund ihrer Helligkeit oder der ihrer Auflage das Licht reflektiert. In diesem Fall ist die größte Helligkeit nicht über uns, sondern unter oder neben uns, was die Augen auf Dauer stark belasten kann. Nicht selten kommt es zu brennenden Augen, einem erhöhten Augeninnendruck, verschwommener Wahrnehmung bis hin zu Netzhautproblemen. Und immer wieder begegne ich in meiner Praxis Menschen mit regelmäßigen Kopf-, Nacken-

und Rückenschmerzsymptomen, die in Wirklichkeit einer zu grellen Arbeitsplatzbeleuchtung aus falscher Richtung geschuldet sind.

Wie beleuchtet man den Arbeitsplatz nun am günstigsten? Bei Tageslicht arbeiten man in Fensternähe, wo man die natürliche Bestrahlung nutzen kann. Hierbei gilt, daß das Licht seitlich auf die Arbeitsplatte fällt – bei Rechtshändern von links, bei Linkshändern von rechts – so daß man sich beim Schreiben nicht selbst einen Schatten bereitet. Wenn Sie am Computer arbeiten, vermeiden Sie es, daß der Bildschirm direkt vor dem Fenster steht und Ihr Arbeitsfeld somit einen helleren Rahmen hat. Auf die Dauer ist das für die Augen extrem belastend. Ist künstliche Beleuchtung notwendig, sollte sorgfältig jeder Arbeitsplatz nach individuellem Bedarf ausgeleuchtet werden.

Natürlich ist die *Schreibtischlampe* nicht überflüssig. Aber man sollte darauf achten, daß sie ein allgemeines Raumlicht, das im günstigsten Fall durch eine indirekte Deckenbeleuchtung hervorgerufen wird, ergänzt. Die Schreibtischlampe darf nicht zu grell sein, auch sie sollte für ein indirektes Licht sorgen, also nicht direkt in die Augen scheinen. Lampen, die sich am Spektrum des Tageslichts orientieren, sind anderen Lampen, zum Beispiel auch Halogenbeleuchtungen, vorzuziehen. Bei Halogen sollte beachtet werden, daß diese Lampen mit gläsernen Abdeckscheiben versehen sind, die UV-Strahlen abhalten. Achten Sie auch darauf, daß die *Schreibtischauflage* keine zu große Reflexionsfläche bietet, also nicht aus Glas, Spiegelglas oder reflektierendem Kunststoff besteht. Eine günstige, da allgemein harmonisierende und das Auge entlastende Auflage wäre ein mattes Grün.

In der heutigen Zeit dringt der PC auch in die privaten Arbeitszimmer vor, und der Trend geht dahin, daß der heimische *Arbeitscomputer* zu einer Alternative oder zumindest einer Ergänzung zum Arbeitsplatz im Büro wird. Zunehmend arbeiten und schreiben Menschen zu Hause am Bildschirm, von wo aus sie Bestellungen aufgeben und ihre Bankdaten abrufen, wo sie privaten Schriftverkehr und geschäftliche Orders verschicken und empfangen.

Um Lichtreflexe zu vermeiden, sollte der Bildschirm parallel zum Fenster aufgestellt sein. Weder Licht von außen noch von Lampen darf sich auf ihm spiegeln. Der Augenabstand sollte mindestens fünfzig Zentimeter betragen. Suchen Sie einen entfernt liegenden Punkt, vielleicht durch das Fenster hindurch in größerer Distanz, auf den Sie regelmäßig Ihre durch die Bildschirmarbeit auf Nähe fokussierten Augen richten, so daß die Augenbänder sich immer wieder entspannen und Kopfschmerzen verhindert werden können. Die Augenhöhe sollte ungefähr am oberen Bildschirmrand sein, so daß der Blick leicht nach unten auf den Bildschirm fällt. Selbstverständlich ist, daß das Gerät möglichst strahlungsarm sein muß. Ältere Geräte kann man mit Strahlenfiltern nachrüsten. Übrigens empfahl mir ein französischer Rutengänger ein überraschend einfaches Hilfsmittel, um die Strahlen abzuwenden: Er riet, einen Kamm so unter den Bildschirm zu legen, daß dessen Zinken vom Benutzer abgewandt sind beziehungsweise die Rückseite diesem zugewandt ist.

Wenn es sich nicht einrichten läßt, daß man die Arbeit am Computer mit anderen Tätigkeiten abwechselt, so sollte man sich doch angewöhnen, stündlich die Augen für zehn Minuten auf andere Dinge zu richten. Leider läßt sich für viele Menschen die Maßgabe, nicht länger als vier Stunden täglich am Bildschirm zu arbeiten, nicht befolgen. Wiegen Sie sich nicht in falscher Sicherheit, wenn die äußeren und technischen Voraussetzungen an Ihrem heimischen Arbeitsplatz auf dem neuesten Entwicklungsstand sind: Auch der modernste Bildschirm, auch der bandscheibenschonendste Stuhl ändern nichts an der Tatsache, daß langes Sitzen in gleichbleibender Haltung den Körper streßt und anstrengt. Seien Sie daher konsequent in der Einhaltung regelmäßiger Pausen, in denen Sie aufstehen und sich bewegen, am besten gezielte gymnastische Übungen ausführen.

Der Einsatz von *Farben* kann besonders den PC-Anwender unterstützen und entlasten. Türkis hilft bei Elektrosmog und ist zudem eine entspannende Farbe. Ein türkisfarbener Bildschirmhintergrund ist also dem Dauer-PC-Benutzer dringend zu empfehlen. Ebenso wirkungsvoll schützt man sich, wenn man ab und zu aus einem Glas Wasser trinkt, das man auf einen türkisfarbenen Untersetzer gestellt hat, so daß es die Farbinformationen aufnimmt und im Körper wieder abgibt.

Zudem besitzt Türkis die Eigenschaft, die sprachliche Ausdrucksfähigkeit zu fördern, ist somit als Wandfarbe für ein Arbeitszimmer, in dem viel geschrieben und formuliert wird, gut geeignet. Auch hilft es zurückhaltenden Menschen, ihre Scheu abzulegen. Für diejenigen, die nicht gerne telefonieren, aus beruflichen oder anderen Gründen jedoch häufig Telefongespräche führen müssen, bietet sich die bewußte Unterstützung mit Hilfe der Kraft der Farben an. Das Telefon könnte man auf einer türkisfarbenen Unterlage oder vor einer türkisfarbenen Wand oder einem türkisfarbenen Bild plazieren.

Eine andere Farbe, die im Arbeitszimmer zu finden sein sollte, ist Gelb. Sie hat die Eigenschaft, das Denkvermögen zu stärken und dem Geist zu helfen, sich zu konzentrieren. Sinnvoll wäre ein gelber Vorhang, da vom Fenster das Licht auf den Arbeitsplatz fällt und die Schwingungen des Gelbs von dort aus gezielter übermittelt werden können. Während Türkis sich besonders positiv auf das sprachliche Ausdrucksvermögen auswirkt, fördert Gelb eher die mathematisch-strukturierenden Fähigkeiten. Wer an seinem Schreibtisch vornehmlich organisatorisch tätig ist, sollte sich wiederum von der Ausstrahlung von Magenta inspirieren lassen, jedoch dabei auf vorsichtige Dosierung achten. Wer überwiegend auf die Kritikfähigkeit des eigenen Verstandes und ein scharfes Urteilsvermögen angewiesen ist, kann sich zur Unterstützung mit Grau umgeben, etwa durch die Farbe des Schreibtisches oder anderer Büromöbel.

Wenn Sie in Ihrem Arbeitszimmer nicht nur allein arbeiten, sondern sich regelmäßig mit Kollegen oder Kommilitonen zu Arbeitsgesprächen zusammensetzen, empfehle ich als Farbkombination Apricot mit Blau und Türkis. Diese Zusammenstellung garantiert ein unaufgeregtes Miteinanderarbeiten, das durch klares Denken und das Aussprechen der eigenen Wahrheit geprägt ist. Es ist eine sehr wirksame Farbkombination, die darüber hinaus auch ästhetisch ansprechend ist.

Gerade für den Arbeitsbereich empfehle ich den Einsatz des von mir entwickelten Farb-Energie-Sets. Da Wasser ein hervorragender Träger von Schwingungsenergien ist – auf dieser Prämisse beruht im übrigen die Bachblütentherapie –, kann man die Charaktereigenschaften der Farben und ihre jeweiligen Informationen auch über ein Glas Wasser aufnehmen, das man trinkt, nachdem man es fünf bis zehn Minuten auf einen Untersetzer der entsprechenden Farbe gestellt hat.[3]

Als *Materialien* empfiehlt sich Holz. Zunächst einmal besteht eine enge Verwandtschaft zwischen dem Papier der Bücher und dem Material des Regals, in dem sie stehen. Diese Ähnlichkeit ist für eine konzentrierte Atmosphäre förderlich. Metaphorisch gehört das Arbeitszimmer im Feng-Shui-Sinn zum Bereich des Wassers, das heißt, eine Kombination aus Glas und Holz ist für den Arbeitsraum ideal. Wenig empfehlenswert ist Metall, da es Schwingungen, auch die von Gedanken, aufnimmt und wieder abgibt und somit gedankliche Prozesse beeinträchtigen kann.

[3] Die Farbkarten mit der dazugehörigen Anleitung kann man beziehen (siehe Anhang).

Ein wesentlicher Bestandteil des Arbeitszimmers ist neben dem Schreibtisch natürlich der *Stuhl*. Daß er den Erfordernissen von gesunder Haltung entsprechen sollte, versteht sich von selbst. Was sich bedauerlicherweise als Erkenntnis noch nicht durchgesetzt hat, ist die Wichtigkeit des Bezugsstoffes. Auf einen mit Polyester enthaltendem Kunststoff bezogenen Stuhl reagieren empfindliche Menschen bereits nach zehn Minuten mit starken körperlichen Symptomen, die mittels der Kirlianfotografie deutlich feststellbar sind: Nicht nur allergische Hautreaktionen, verbunden mit starkem Jucken und Schweißausbrüchen, können sich einstellen, sondern unter dem toxischen Einfluß reagieren die Leber, die Milz und die Lymphe deutlich belastet.

Kunstfasern schwächen die Aura, da ihre elektromagnetischen Felder die bioenergetische Strahlung des Menschen angreifen und teilweise zu zerstören vermögen. Die Kirlianfotografie weist bereits nach wenigen Minuten einen negativen Einfluß auf die menschliche Aura nach. Man sollte sich nur auf solche Stühle setzen, die aus Naturfasern oder Alcantara hergestellt sind, und alle Kunstfasermaterialien meiden. Einen besonders positiv harmonisierenden Einfluß auf die menschliche Aura hat möglichst wenig behandelter Baumwollstoff, da die Wellenlänge der Pflanzenfaser mit der menschlichen Schwingungsfrequenz harmoniert. Neben Baumwolle sind auch andere Naturfasern, wie Wolle, Seide oder Leinen, verträglich.

Auch bei der Farbwahl des Stuhlbezuges sollte man

nicht nur nach rein praktischen oder ästhetischen Erwägungen entscheiden. Farben schwingen in unterschiedlicher Frequenz. Wenn wir über Stunden auf einer bestimmten Farbe sitzen, können wir nicht umhin, von ihren Schwingungen beeinflußt zu werden. Weder halte ich ein dunkles Blau für günstig, da es auf Dauer dämpfend und kühlend wirkt, noch ein grelles Rot, da es deutlich aufregende Impulse abgibt. Statt dessen ist ein grüner, türkisfarbener oder auch ein gelber Bezug von förderlichem Einfluß auf eine konzentrierte geistige Arbeit.

Das Schlafzimmer

Angesichts der Zeit, die man im Schlafzimmer verbringt, nämlich ein Drittel seines Lebens, kann man diesen Raum zu Recht als wichtig – wenn nicht als den wichtigsten überhaupt – betrachten. Seine Lage und Einrichtung bedürfen daher besonderer Sorgfalt.

Vor dem Hausbau kann man sich von einem Feng-Shui-Berater darüber informieren lassen, welche Lage für das eigene Schlafzimmer die beste wäre. Bekannte Kriterien sind Aussicht, Umgebung, Standort und solche, die mit praktischen Erwägungen zu tun haben.

Ganz allgemein sollte man bei der Lage des Schlafzimmers folgende Punkte berücksichtigen: Zum Schlafen benötigt man Ruhe. Ein Schlafzimmer, das zu einer belebten Straße hinausgeht, kann dem Wohlbefinden und der Gesundheit nicht zuträglich sein, auch wenn die Himmelsrichtung günstig ist. Ein weiterer wichtiger

Aspekt ist der, daß man das Schlafzimmer gut belüften kann. Das ist aber nicht der Fall, wenn es etwa zu einer Garagenanlage hinausgeht oder gar über einer Garage oder einem Öltank gelegen ist. Giftige Dämpfe und negative Strahlungen dringen ein, umgeben den Menschen im Schlaf, schädigen ihn, rauben ihm Energien und führen auf Dauer Krankheiten herbei.

Nach Feng-Shui-Maßstäben sollte kräftigendes *Qi* die Schlafzimmeratmosphäre prägen, wobei die positiven Energien gemächlich den Raum durchziehen sollten. Nicht auf Vitalisierung und Tonsierung kommt es hier an, sondern auf tiefe Entspannung und Erholung. Entsprechend sollte das Schlafzimmer nur einen Zugang haben. Ein Nebenzimmer – etwa eine Ankleide oder ein Bad – gelten nach energetischen Gesichtspunkten als ungünstig, im letzteren Fall auch wegen der Nähe zum Wasser, das den Schlaf wegen der Wandgeräusche beeinträchtigt und einen Energiesog nach draußen befürchten läßt. Besonders schädlich wäre ein gegen eine Wand plaziertes Bett, wenn in der Wand stromführende Leitungen, die den Schläfer mit schädlicher elektrischer Strahlung belasten, oder aber Wasserrohre sind. Dies kann auf lange Sicht zu Rheumatismus, Erkältung und Immunstörungen führen. Wasser stört den Schlaf nachhaltig.

Nordlage eines Schlafzimmers ist grundsätzlich gut. Bedenken Sie aber, daß nie direktes Sonnenlicht hereinkommen sollte. Für Menschen mit morgendlicher Antriebsschwäche wäre allerdings von dieser Lage abzuraten. Besonders an düsteren Tagen kann es zu einer gedrückten Stimmung führen. Wenn hingegen das Zimmer nach Osten hinausgeht, wird es früh von Sonnenlicht erfüllt. Die Morgensonne bringt Energie ins Schlafzimmer, mit der man sich auftanken und für den anbrechenden Tag stärken kann. Allerdings sollten die Strahlen der Morgensonne das Bett nicht direkt treffen. Ein Schlafzimmer nach Süden ist eine Verschwendung von Energie, da die Sonne in den Raum eindringt, wenn man ihn gar nicht benutzt – es sei denn, der Schlafraum dient tagsüber gleichzeitig noch anderen Zwecken. Ein nach Westen gelegenes Schlafzimmer ist dann gut, wenn man einen entspannten Schlaf braucht. Die Abendsonne schafft eine energetische Situation, die dem Schlaf besonders heilende Eigenschaften verleiht. Dies ist für kränkelnde Menschen, auch für Senioren und Rekonvaleszenten eine günstige Konstellation.

Die Möblierung dieses Zimmers ist durch seine Funktion stark festgelegt: Das wichtigste Möbelstück ist das Bett. Als Standardschlafzimmer haben sich Bett-Schrank-Kombinationen durchgesetzt, was aus Gründen der Zweckmäßigkeit sinnvoll ist. Häufig hat man keine separate Ankleide, einen Raum mit eingebauten Schränken oder einen begehbaren Schrank, so daß man *Schränke* für die Kleidung und Wäsche braucht. Diese wiederum erfordern viel Platz, den man dort findet, wo man sich tagsüber nicht aufhält: im Schlafzimmer. Dennoch möchte ich dafür plädieren, das Schlafzimmer nicht nur nach Zweckmäßigkeitserwägungen einzurichten. In diesem Raum sollen Sie sich wohl und entspannt fühlen. Sorgen Sie also auch durch die Möblierung für eine entsprechende Atmosphäre. Wenn Sie die Möglichkeit haben, ein Vollstellen des Schlafzimmers mit wuchtigen Schränken zu umgehen, richten Sie sich hier so ein, daß Sie beim Wachwerden einen schönen Blick durch das Zimmer genießen können. Lassen Sie den Raum luftig und geräumig, gönnen Sie sich viele Pflanzen, deren Sauerstoffproduktion Ihren Schlaf unterstützt. Auch sind Pflanzen in der Lage, Formaldehyd und Benzol zu absorbieren. Besonders effektive Zimmerpflanzen für diesen Zweck sind der Drachenbaum, Philodendron, Grünlilien, Zyperngras und Birkenfeige.

Beim *Bettgestell* und der *Matratze* rate ich dringend, auf jegliches Metall zu verzichten. Nichts wirkt sich störender auf die Energieströme im Körper aus als die unruhigen Reflexionen von Metall. Ein Holzgestell hingegen fördert den ruhigen Schlaf, ebenso wie Latexmatratzen, die darüber hinaus für allergieanfällige Menschen den Vorteil haben, antibakteriell zu wirken und somit Keimen und Hausstaubmilben keinen Nährboden zu bieten. Für Allergiker ist ein Holzboden oder ein anderer Boden aus Naturmaterial wichtig. Der gerade in Schlafzimmern wegen der gemütlichen Wirkung beliebte Teppichboden enthält häufig allergiefördernde Weichmacher, die allmählich in die Luft entweichen und das Atmen zusätzlich erschweren.

Daunendichte Inletts von *Bettdecken* haben sich als undurchlässig für allergieauslösende Milben und deren

Stoffwechselprodukte erwiesen und sind somit für empfindliche Menschen empfehlenswert. Bei strahlungsempfindlichen Menschen hat sich reine Seide am besten bewährt. *Bettwäsche* sollte aus Naturmaterialien gewebt sein. Da man Seide nicht sehr heiß waschen kann, ist hier Baumwolle vorzuziehen; achten Sie darauf, daß man die Bettwäsche mindestens bei 60 Grad waschen kann. So beseitigt man Hausstaubmilben. Behandlungen der Baumwolle mit Pestiziden und anderen Schadstoffen lassen es heutzutage erforderlich werden, daß man die Bettwäsche vor der ersten Benutzung am besten mehrmals wäscht.

Das *Bett* findet seinen günstigsten Platz an einer Wand, vom Fenster entfernt und nicht gegenüber einer Tür. Wenn aus Raumgründen das Bett beim Fenster und zu diesem parallel stehen soll, ist darauf zu achten, daß mindestens ein Abstand von einem halben Meter eingehalten wird, so daß man einen Nachttisch oder einen Stuhl dazwischen stellen kann. Die morgendlichen Sonnenstrahlen sollen nicht direkt auf das Bett fallen.

Schlecht ist auch das direkt hinter der Schlafzimmertür plazierte Bett. Der Liegende hat die Tür ständig im Augenwinkel, was die vollständige Entspannung behindert. Hinzu kommt, daß man sich auch bewußt machen sollte, was hinter der Schlafzimmertür liegt. Handelt es sich etwa um einen Gang, der auf den Schlafraum zuführt, so wird gleichzeitig *Sha* dorthin geleitet, eine ganz schlimme Konstellation für den Schläfer dahinter. Wenn ein Schlafraum groß genug ist, verbessert ein

Schlafzimmer mit Paravent

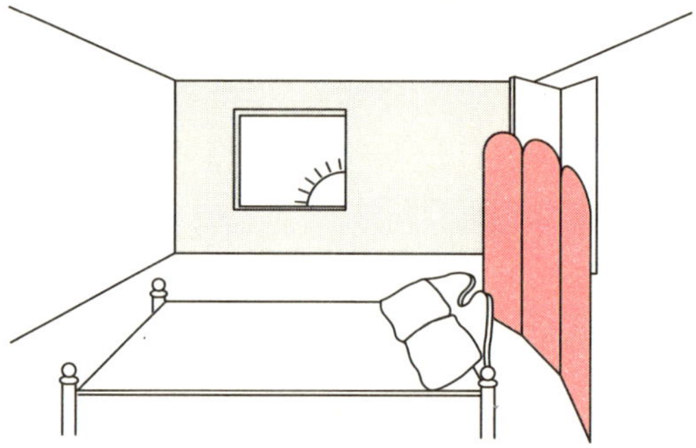

Das Bett hat einen günstigen Platz, und die Tür ist angemessen abgeschirmt.

Wandschirm, der vor die Tür gestellt diese vom Bett sichtbar trennt, die Raumatmosphäre. Die positiven Raumenergien winden sich harmonischer durch das Zimmer, und zudem ist ein Paravent ein diskreter Sichtschutz gegenüber Menschen, die das Schlafzimmer betreten. Des weiteren ist, wie bereits dargestellt, unbedingt zu vermeiden, daß ein Bett direkt unter einem Balken steht.

Auch wenn *Spiegel* ein wichtiges Feng-Shui-Hilfsmittel sind, die die positiven Energien herum- und negative Energien ableiten, sollte man mit Spiegeln im Schlafzimmer vorsichtig umgehen. Sie reflektieren, was sie aufgenommen haben, das heißt den Menschen im Wachzustand und in der Bewegung. Wenn der Spiegel gegenüber dem Bett steht und die Tagesaktivität auf den Schläfer zurückstrahlt, läßt er dessen Schlaf unruhig werden. Außerdem zieht der Spiegel Energie von dem Schlafenden ab. Nach chinesischem Denken sollte der Spiegel auch aus dem Grund nicht auf den Schläfer gerichtet sein, da dessen Geist sich in der Nacht erschreckt, wenn er sich im Spiegel sieht.

Andererseits ist der Spiegel in vielen Schlafzimmern festes Requisit, auf das man aus unterschiedlichen Gründen nicht verzichten möchte. Als Gelegenheit, sich zu schminken und zu frisieren, sind sie ebenso wichtig wie um die Gesamterscheinung in einem körperhohen Spiegel zu überprüfen. Darüber hinaus verstärken Spiegel die Helligkeit und Geräumigkeit des Zimmers, und sie haben eine vitalisierende Wirkung, die ja im Bett nicht immer und unbedingt überflüssig ist.

Was also ist bei Schranktüren aus Glas zu tun? Meine Empfehlung lautet, die Türen vor dem Schlafen so zu stellen, daß der Schläfer sich darin nicht spiegelt und somit einen ungestörten Schlaf hat. Wandspiegel sollten Sie vom Bett entfernt so aufhängen, daß sie bettabgewandt sind, am besten versetzt an der Wand, gegen die auch das Bett steht.

Mit der Wahl der *Farben* im Schlafzimmer können Sie in vieler Hinsicht Einfluß auf Ihr Wohlbefinden und Ihre Gesundheit nehmen.

Im Sinne einer tiefen Entspannung ist Rot als Farbe im Schlafzimmer zu vermeiden. Allerdings kann es auch hier seine Berechtigung haben: Als Farbe der Energie und Fortpflanzungsregion findet es seinen sinnvollen Einsatz im Schlafzimmer von Frauen, die nicht schwanger werden können, oder allgemein von Menschen mit geschwächter Sexualkraft. Da zu starker Roteinfluß allerdings zu Gewalt und Aggression führt, darf man nicht etwa eine Schlafzimmerwand rot anstreichen. Statt dessen kann diese Farbe, wenn sie vorsichtig in der Bettwäsche, in Kissen, Fenstervorhängen oder auf Bildern vorkommt, positive Impulse geben. Besonders deutlich wirkt sich rotes Licht auf die Libido aus. Umgekehrt ist Rot zu vermeiden, wenn Sie oder Ihr Partner zu Hitzigkeit neigen und leicht erregbar sind. Zorn darf sich nicht in dem Raum entladen, in dem wir schlafen.

Als Grundton empfehle ich für das Schlafzimmer Hellblau oder Rosa. Dies sind Farben, die angenehm beruhigen und entspannen, auch wenn man gleichzeitig mit einigen farbigen Kissen und Bildern Akzente setzt.

Bei Einschlafschwierigkeiten und nervöser Schlaflosigkeit empfehle ich zusätzlich dunkelblaue Töne, zum Beispiel von Schlafanzügen und Nachthemden, ebenso bei der Bettwäsche. Aufgrund seiner blutdrucksenkenden Wirkung hilft Dunkelblau, die Gedanken zu verlangsamen, und es erleichtert überdies den Übergang vom Wach- in den Schlafzustand. Achten Sie aber auf eine farbliche Ausgewogenheit. Ein Vorherrschen von Dunkelblau kann zu schweren Träumen führen. Blaue

Nachtwäsche lindert übrigens auch den Juckreiz bei Menschen, die unter allergischen Hautreaktionen leiden. Auch Frauen im Klimakterium hilft diese Farbe, mit den lästigen Begleiterscheinungen der Wechseljahre fertigzuwerden, besonders mit den Hitzewallungen.

Bei krankheitsbedingtem Aufenthalt im Bett, besonders wenn es sich um Krankheiten handelt, die den Betroffenen verzagt und hoffnungslos werden lassen, sollte man sich um überwiegend gelbe Farben in der Umgebung des Bettes und bei der Farbwahl der Wäsche bemühen. Warme Gelb- und sogar Orangetöne helfen dem Kranken, Mut zu gewinnen und fördern somit auch seine Rekonvaleszenz.

Ebenso kann man sich mit Gelb stabilisieren, wenn man zu Depressionen und Traurigkeit neigt, wodurch viele Menschen besonders am Morgen, vor dem Aufstehen, gefährdet sind. Helfen Sie sich mit der Kraft der Farben über diesen kritischen Punkt hinweg!

Eine für das Schlafzimmer häufig bevorzugte Farbe ist ein Pfirsichton. Er wirkt sich auf die Haut erfrischend und heilsam aus und hält jung. Diese Wirkung kann sich aber nur entfalten, wenn die Farbe frisch ist. Eine stumpfe Nuance führt im Gegenteil zu Lethargie. Andererseits kann ein zu greller Ton aufregend wirken.

Wenn Sie sich in Ihr Schlafzimmer zurückziehen wollen, um sich ganz in eine Nische der Geborgenheit zurückzuziehen, wenn Ihr Schlafzimmer die Höhle darstellt, in der Sie nichts von den Unbilden und Ärgernissen des Tages mehr erreichen kann, umgeben Sie sich hier mit der Farbe Apricotorange. Sie ist eine äußerst gesunde und stabilisierende Farbe, die nicht nur Geborgenheit und Wärme, sondern auch Frische und Stärke vermittelt.

Lassen Sie keine schädlichen Strahlen in Ihren Schlafraum eindringen. Erdstrahlen, die Energie abziehen, sind unbedingt zu vermeiden, da sie die Menschen auf Dauer krank machen. Andererseits sind auch sogenannte Kraftorte einem entspannten Schlaf nicht zuträglich. Bei dem Verdacht, daß die energetische Grundsituation Ihres Schlafzimmers problematisch ist, lassen Sie sie überprüfen, stellen Sie notfalls Ihr Bett um, oder wechseln Sie sogar den Raum. Zur Vermeidung von Strahlenbelastung im Schlafzimmer gehört auch, daß man hier auf elektrische Geräte verzichtet. Das Uhrenradio ist dabei ein nicht zu unterschätzender Stressor mit einem beträchtlichen Störfeld. Die modernen Wecker haben zwar den Vorteil, daß sie nicht ticken und morgens mit der gewünschten Radiomusik wecken, aber häufig ist die Digitalanzeige extrem belastend für die Raumatmosphäre, wobei sich insbesondere rot leuchtende digitale Anzeigeröhren schädlich auswirken. Die meisten dieser Geräte (es gibt nur wenige Markengeräte, die hier eine Ausnahme bilden) geben eine hochpathogene Strahlung ab, die zehn Meter und sogar noch weiter strahlen kann. Besonders schlimm wirken sie, wenn sie nur wenige Zentimeter vom Kopf entfernt stehen, was ja bei Weckern häufig der Fall ist. Elektrische Störfelder mit solcher Intensität führen zu einer Reihe von Beschwerden, darunter vor allem Kopfschmerzen, Lymphstauungen und neurodermatologische Schwierigkeiten. Epileptiker reagieren auf diese Strahlung besonders empfindlich.

Aus gleichem Grund rate ich auch von Heizdecken im Bett oder von Elektrospeicherheizungen im Schlafzimmer ab.

Das Kinderzimmer

An das Kinderzimmer werden verschiedene Anforderungen gestellt, da es unterschiedliche Funktionen zu erfüllen hat: Es ist Schlaf-, Aufenthalts-, Spiel- und Lernzimmer in einem. Da diese Aktivitäten unterschiedliche Anforderungen an die Umgebung stellen, wäre es sinnvoll, ein Kinderzimmer entsprechend seiner verschiedenen Aufgaben zu unterteilen. So sollte die *Farbgestaltung* in Bettnähe eine andere sein als beim Schreibtisch.

Für den *Schlafbereich* ist Entspannung wichtig, Hellblau als Farbe ist also auch im Kinderbett zu empfehlen. Kinder sind in der Regel mit dieser Farbe sehr glücklich. Sie harmonisiert, ist wohltuend für die Augen, und – im Kinderzimmer manchmal nicht unwichtig – sie hilft, Streit zu schlichten.

In der Umgebung, wo Ihr Kind seine Hausaufgaben erledigt und lernt, kann man es mit Gelb, der Farbe des Verstandes, unterstützen. Wenn Ihr Kind unter Lernstörungen leidet, sollten Sie sein Zimmer mit gelben Vorhängen oder einem gelben Teppich ausstatten. Eine gelbe Schreibtischunterlage kann ganz gezielte Hilfe beim Arbeiten bieten, wobei insbesondere das mathematische Denken unterstützt wird. Gleichzeitig hellt Gelb die allgemeine Zimmeratmosphäre auf. Übrigens kann ich Ihnen in diesem Zusammenhang einen besonderen Tip geben: Lassen Sie Ihr Kind wichtige Informationen, die es sich einprägen muß, so anordnen, daß diese im oberen linken Blickwinkel liegen. Untersuchungen haben ergeben, daß man sich Lerninhalte aus diesem Blickwinkel am leichtesten einprägt.

Mit dem Zeitpunkt der Einschulung stellt sich die Frage nach einem bequemen *Arbeitsplatz* des Kindes. Irgendeinen beliebigen Schreibtisch mit einem einfachen, normalen Stuhl zu kaufen, bedeutet an der falschen Stelle zu sparen. Ein den Erfordernissen des natürlichen Körperwachstums angepaßter und immer wieder neu einstellbarer Stuhl ist von entscheidender Bedeutung für die richtige Körperhaltung bei der Arbeit. Darüber hinaus sollten Sie sich für einen Schreibtisch entscheiden, dessen Arbeitsfläche sich schräg stellen läßt, so daß der Rücken möglichst gerade bleiben kann. Eine gebeugte Körperhaltung am Schreibtisch, die regelmäßig und über einen längeren Zeitpunkt eingenommen wird, führt schnell zu den Rückgratverkrümmungen – Skoliosen und Kyphosen –, die leider weit verbreitet sind und sich nur noch unter Schwierigkeiten beheben lassen.

In Zimmern von Kleinkindern empfehle ich einen hellblauen oder rosafarbenen *Wandanstrich* und pastellfarbene oder Naturholz-Möbel. Die Kinder sollten die Möglichkeit haben, sich in eine Nische zurückzuziehen, in der sie sich von den vielfältigen Erfahrungen der Welt- und Wirklichkeitseroberung erholen und diese Eindrücke verarbeiten. In Kindergärten findet man häufig solche Kuschelecken, in denen Braun vorherrscht, denn diese Farbe begünstigt den Eindruck der Geborgenheit.

Für die *Raumform* gilt im Kinderzimmer in ganz besonderer Weise, daß sie möglichst frei von spitzen Ecken und Kanten, also auch frei von Gefahrenquellen für die Kleinen ist. Eine Selbstverständlichkeit sollte auch die Verwendung von ungiftigen *Materialien* in der Zimmereinrichtung und beim Spielzeug sein, ebenso wie eine wirksame Stromsicherung in den Steckdosen.

Spezielle *Kindertapeten und Fenstervorhänge* bieten unterschiedliche Muster und Formen. Wenn Sie sich für gemusterte Gardinen oder Wände im Kinderzimmer entscheiden, sollten Sie sich in ein krankes Kind hineinversetzen und überlegen, ob die Motive aus Fieberträumen heraus die Gefahr bergen könnten, eine Vorlage für Alpträume und Angstvorstellungen zu liefern. Dann nämlich können sich die Märchenriesen und -zwerge an der Wand in der durch die Krankheit verzerrten kindlichen Wahrnehmung in monströse Wesen verwandeln. Harmlos dagegen sind so neutrale wie fröhliche Muster mit Blumen oder sogar auch abstrakten Formen, wenn sie von Rundungen bestimmt sind.

Das Badezimmer

Da man im Bad vor allem mit Wasser zu tun hat, liegt dieser Raum von seiner Elementesymbolik her am günstigsten nach *Norden* hinaus. Unbedingt sollte sich das Bad an einer Außenmauer befinden und ein *Fenster* haben. Hierfür spricht die Notwendigkeit eines vernünftigen Abluftsystems, durch das die verbrauchte und verschmutzte Luft ins Freie entweichen kann, ohne das restliche Haus in Mitleidenschaft zu ziehen. Das bezieht sich übrigens gleichfalls auf eine Klimaanlage mit Ventilatoren. Leider geht man zunehmend dazu über, die Badezimmer dorthin zu verlagern, wo Fensterausgänge nicht mehr möglich sind. Wenn Sie ein fensterloses Bad besitzen, können Sie mit möglichst vielen *Spiegeln* sowohl die Wirkung von Licht verstärken als auch eine das Feng Shui anregende Atmosphäre schaffen. Normalerweise findet die positive Energie keinen harmonischen Ausgang aus einem fensterlosen Raum, der nur einen Zugang hat. Der Energiefluß wird träge, und seine Lebendigkeit verliert sich. Viele Spiegel, an allen vier Wänden angebracht, leiten die Energie weiter und verhindern somit Stagnation.

Bedenken Sie, daß Spiegel das zurückstrahlen, was sie aufgenommen haben. Betreten Sie Ihr spiegelndes Bad daher stets mit freundlichen Gedanken. Abzuraten ist von bemalten oder geteilten Spiegeln, wie sie zum Beispiel auf Badezimmerschränken vorkommen, denn sie reflektieren ein gespaltenes Bild der eigenen Persönlichkeit. Da Spiegel auch Ereignisse speichern – vergleichbar mit Tonbandaufnahmen – sollte man auch sehr vorsichtig mit geerbten Spiegeln umgehen. Sie selbst können mit einer positiven Einstellung sehr dazu beitragen, das Klima Ihrer Wohnung zu verbessern und Wohlbefinden zu erzeugen. Da Spiegel in ausreichender Menge Informationen speichern und wieder abgeben, sollten Sie im Bad zum Ausgleich auf Metall, das zusätzlich Informationen abstrahlt, möglichst verzichten.

Als *Grundfarbe* im Bad ist Weiß oder Gelb zu empfehlen, besonders, wenn es sich um einen kleinen, fensterlosen Raum handelt. Diese Farben tragen traditionell den Ansprüchen an eine besondere Hygiene Rechnung, insbesondere aber haben sie hier ihre Berechtigung, da sie die Helligkeit im Raum verstärken und ihn optisch größer wirken lassen. Je nach persönlichen Farbvorlieben – oder nach den Ergebnissen, die Sie mit Hilfe des Farbtests erzielt haben – können Sie in vielfältiger Weise farbliche Akzente setzen, die Ihr Bad zu einem Ort machen, an dem Sie sich wohl fühlen und zur Körperpflege wie auch zur Entspannung gern verweilen: Es gibt mittlerweile einen riesigen Markt für aufeinander abgestimmte und raffinierte *Badezimmeraccessoires*, zu denen neben Badematten, Handtüchern und Duschvorhängen Seifenhalter, Zahnbecher, Handtuchhalter, Schalen, ja sogar Seifen, Salze und Badekugeln gehören. Hier kann man seiner Phantasie und Kreativität freien Lauf lassen und zudem nach Jahreszeit oder persönlichen Schwankungen variieren. Wenn Sie beispielsweise am Ende eines langen Winters und bei anhaltend grauem Regenwetter morgens oft deprimiert sind, hellen Sie Ihre Stimmung mit warmen gelben Farben auf. Damit kann man leuchtendes Hellblau kombinieren, das die

Farbenpracht eines sommerlichen wolkenlosen Himmels spiegelt und auch den Zusammenhang zum Meer herstellt. Auch Orange heitert auf, außerdem ist es für Menschen mit Verdauungsbeschwerden die ideale Farbe, die sie in Toilettennähe brauchen.

Das mit dem warmen Gelb verwandte Gold ist ebenfalls eine positive Farbe, die sich sehr schön auch gerade im Bad verwenden läßt, etwa in Goldrahmen von Bildern und Spiegeln. Es unterstützt Sie bei der morgendlichen Einstimmung auf den Tag, bei Ihrer inneren Stabilisierung, und darüber hinaus verleiht es dem Badezimmer eine durchaus elegante Note.

Pflanzen, besonders solche, die viel Feuchtigkeit benötigen, sorgen für ein ausgeglichenes Klima im Bad und verstärken seine wohnliche Atmosphäre.

Im Badezimmer und im WC fallen unaufhörlich verbrauchte Abwässer an, die abfließen. Aus hygienischen wie energetischen Gründen ist es ganz wichtig, daß dieses verbrauchte Wasser, das Träger von Schmutz und verbrauchten Energien ist, unsichtbar abfließt. Heutige Wohnkultur garantiert solch unsichtbares Abfließen: Das Wasser kommt durch Leitungen in der Wand in den Raum und fließt ohne Umweg in Rohre ab, die sich ebenfalls direkt in der Wand befinden. Gleiches gilt auch für Maschinen, die Wasser verbrauchen, wie etwa Spül- oder Waschmaschinen. In den meisten Fällen sind die Waschmaschinen mit einem Rohrabfluß in der Wand verbunden. In einigen alten Waschküchen hingegen kommt es auch noch vor, daß das Abwasser aus der Maschine in ein Becken oder gar über einen abgeschrägten Boden abläuft. Lassen Sie nicht zu, daß sich auf diese Weise negative Energien ausbreiten, sondern schließen Sie beispielsweise ein Plastikrohr an den Waschmaschinenablauf an, das das verbrauchte Wasser direkt bis zum Gully transportiert.

Eine alte *Feng-Shui-Regel* besagt, daß das Bad nicht ins Schlafzimmer führen soll, denn die Energieflüsse in beiden Räumen seien zu unterschiedlich: Während das Schlafzimmer von einem sanften *Qi*-Fluß durchströmt wird, ist im Badezimmer die Energiezirkulation schneller. Hier soll das verbrauchte *Qi* so schnell wie möglich abfließen und erneuert werden.

Das Gästezimmer

Über dem Hauseingang befindet sich die ideale *Lage* für ein Gastzimmer, da sie am neutralsten ist – und somit offen für die unterschiedlichen Menschen, die vorübergehend in ihm wohnen werden.

Hinsichtlich der Einrichtung eines Gastzimmers gibt es keine eigenen Regeln. Beachten Sie die bisher zum Schlaf- und Arbeitszimmer genannten Punkte. Wichtig ist, daß das *Bett* alle Voraussetzungen für einen gesunden Schlaf erfüllt, nicht auf pathogenen Stellen steht, ebensowenig in elektromagnetischen oder elektrischen Störfeldern. Ersparen Sie Ihrem Gast einen Uhrenwecker mit schädlicher roter Digitalanzeige, benutzen Sie im Gästezimmer helle, freundliche *Farben,* und lassen Sie genug Licht hinein. *Spiegel* sollten auch hier so aufgehängt sein, daß sie nicht direkt auf das Bett scheinen. Eine zu beachtende Regel im Hinblick auf die Höhe des Spiegels lautet, daß er in Kopfhöhe angebracht sein sollte.

Wie wäre es mit einer kleinen Geste, um Ihren Gast zu erfreuen: Stellen Sie in sein Zimmer einen Strauß mit seinen Lieblingsblumen. Mit solchen kleinen, liebevollen Aufmerksamkeiten kann man die Atmosphäre spürbar verbessern und zu einer für alle Beteiligten beglükkenden Kommunikation beitragen.

Einige Überlegungen zur Pflege

Die guten Energien, die für eine gesunde Atmosphäre in unserer Umgebung sorgen, sind gleichsam Abbild der Energieflüsse in unserem Körper. Was die Chinesen als *Qi* bezeichnen, ist Ausdruck beider Kräfte, der kosmischen wie der menschlichen. Wir sind es gewohnt, im Zusammenhang mit der menschlichen Energie von Aura, Atem, Kraftzentren zu sprechen. Wir dürfen aber nie vergessen, daß die äußerliche eng mit der innerlichen Kraft verbunden ist. Eine ungesunde, energetisch unbekömmliche Umgebung erzeugt Störungen der körperlichen Kraftfelder und Ströme. Für uns bedeutet diese übergreifende Einheit zwischen Innen und Außen, daß wir für eine geordnete, gesunde und saubere Umwelt sorgen müssen, damit wir auch innerlich gesund und stabil sind. Oder anders herum: Wenn in unserem Innern Chaos herrscht, wenn wir uns von Hektik und Streß fangen lassen und nicht mehr auf unsere innere

Stimme hören können, hilft uns die schönste Umgebung wenig bei der Herstellung einer allumfassenden Harmonie und Ausgeglichenheit. Folglich ist es ganz wichtig, daß wir unser Haus oder unsere Wohnung pflegen.

Unaufgeräumte Zimmerecken, in denen sich Gerümpel stapelt, können zu organischen Schwierigkeiten führen, die sich in Stauungen und Verstopfungen äußern. So wenig wie *Qi* in einer solchen Wohnung zirkulieren kann, so wenig wird das schließlich auch im Körper des Menschen gehen, der diese Räume bewohnt. Besonders im Bad oder WC sind Sauberkeit und freier Abfluß wichtig für die Abstrahlung auf die menschlichen Körperströme. Eine verstopfte Toilette kann Darmerkrankungen hervorrufen.

Fenster und Türen, die Verbindungen zwischen innen und außen, sollten in gutem Zustand sein, sich leicht öffnen und schließen lassen, da sie als Symbolisierung der entsprechenden Körperteile – Augen, Nase, Ohren – gelten. Fenster, durch die man keinen klaren Ausblick hat, führen auf Dauer zu einer getrübten Sicht und erfordern schließlich eine Brille. Ungeölte Türen können den Bewohnern nicht nur wegen der ständigen knarrenden Geräusche auf die Nerven gehen, sondern reflektieren einen gehemmten Umgang mit der Umwelt.

Der farbenprächtige Balkon

Als Expertin für die Heilkraft von Farben und deren Wirkung auf die menschliche Seele und Psyche möchte ich an dieser Stelle etwas ausführlicher über farbige Blumenarrangements sprechen. Farbig findet man Blumenzusammenstellungen vor allem in bunten Sträußen, im sommerlichen Garten oder in Balkonkästen. Da der Garten häufig durch Bäume und Sträucher und immer wieder blühende Stauden relativ festgelegt ist, möchte ich prototypisch über die Balkon- oder Terrassenbepflanzung sprechen, deren Vorteil eben in der Freiheit alljährlicher Variabilität besteht. Jedes Jahr kann man neu zusammenstellen, ausprobieren und die eigenen Farbbedürfnisse überprüfen. Nirgendwo verfügen wir über eine so breite Vielfalt an Pflanzen und Farben und deren Kombinationsmöglichkeiten.

Sie können Pflanzen im Kasten aufrecht wachsen und/ oder hängen lassen, sie farblich im Zweiklang, Dreiklang, Ton in Ton, völlig kunterbunt oder aber in bewegten Kontrasten anordnen. Sie können ein wild und naturhaft wirkendes oder ein elegantes Arrangement wählen, unkonventionell zusammenstellen oder auf die marktüblichen Kastenpflanzen zurückgreifen: Wofür auch immer Sie sich entscheiden – bei natürlichen, lebenden Pflanzen ist jede Kombination schön und erfrischend und immer wieder ein Blickfang für das Auge und die Seele.

Besonders harmonisch wirken Farben, die einen Zwei- oder Dreiklang miteinander bilden. Wenn Sie nur zwei komplementäre Farben zusammenstellen wollen, so

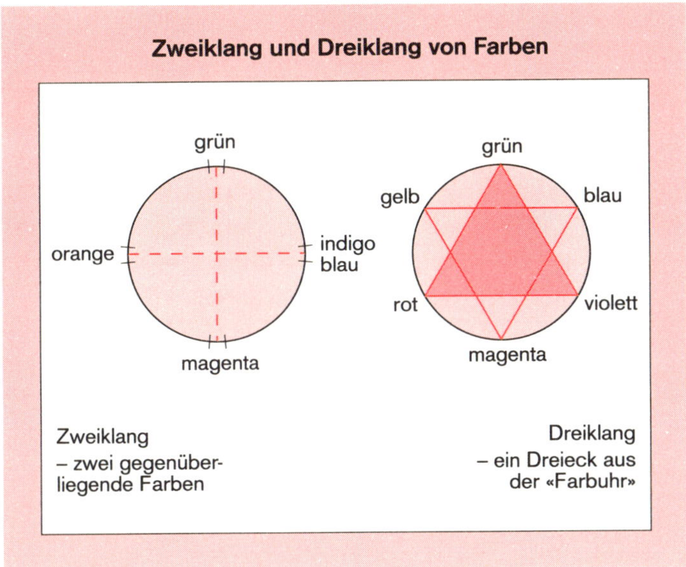

passen etwa Rot und Grün, Blau und Gelb, Gelborange und Lila und die verschiedenen anderen Farbmischungen im Farbenkreis zueinander. Beim Dreiklang legt man ein gleichseitiges Dreieck in den Farbkreis und erhält so die harmonisch am deutlichsten zusammenpassenden drei Farben.

Beispiele für Zweiklangarrangements sind blaue und gelbe Stiefmütterchen, roter Ziertabak mit gelben Pantoffelblumen, rote Geranien mit blauem Männertreu. Ein klassisches Dreiklangarrangement in den Grundfarben besteht etwa aus roten Impatiens, blauem Männertreu und Eisenkraut und gelber Pantoffelblume. Aber auch Mischfarben können zu perfekten Akkorden abgestimmt werden, etwa eine Bepflanzung aus purpurnen Farbtupfern (Ziertabak, Geranien), gelben Nuancen (Pantoffelblumen, Rudbeckien, Tagetes) und violetten Tönen (pinkfarbene Geranien und Verbenen).

Elegant wirkt eine Komposition, in der eine Farbe vorherrschend ist (die sich möglicherweise der Umgebung, etwa der Hauswand, anpaßt) und in der ganz sparsam mit zarten Zwischentönen umgegangen wird. Vorstellbar ist in dieser Hinsicht eine vorherrschende violette Lobelie, die einen dunklen Grundton liefert, in den cremig weiße Fuchsienblüten und rosafarbene Geraniendolden gemischt sind. Ein kleiner frecher Farbausreißer in Form von kleinblütigen Tagetes läßt die Komposition nicht zu einseitig erscheinen und gibt ihr das gewisse Etwas.

Wagen Sie ruhig auch einmal eine Farbzusammenstellung, von der man normalerweise annimmt, sie beiße sich. In der Natur gibt es keine Regeln über Farben, die zueinander passen, und solche, die das nicht tun. Sie werden verblüfft sein, daß auch «unmögliche» Farben, wenn sie in Blumen vorkommen, hübsch und durchaus harmonisch miteinander wirken. Das blühende Pink einer Geranie oder eines Ziertabaks neben den orangefarbenen Tageteskköpfchen kann ganz apart wirken, wobei man zu deutliche Kontraste auch mit weißem Steinkraut mildern kann. Oder was halten Sie von der ebenfalls gewagten Bepflanzung aus lilafarbenen (Lobelien, Scaevola), hellroten (Geranien) und dunkelroten (Petunien, Röschen) Blumen, deren Mischung sich mit einzelnen weißen und rosafarbenen Petunien auflockern läßt?

Oder Sie stimmen ein gewaltiges Konzert an, in dem alle Farben sich hemmungslos entfalten, wobei man in diesem Fall mehrere Kästen braucht, die man eventuell auch höhenversetzt hintereinander stellt, um eine große Anzahl an Farben und Formen unterzubringen und miteinander wirken zu lassen. Ob Sie sich für kleine, zarte Arrangements entscheiden oder für das große Farborchester: Grundvoraussetzung sind Ihre persönlichen Vorlieben und Farbbedürfnisse, die die Entscheidung über die diesjährige Balkonbepflanzung bestimmen sollten.

Die folgende Zusammenstellung soll Ihnen einen nach Farben geordneten Überblick über gängige Zierpflanzen geben, die sich für den Balkon gut eignen:

Rote Hängepflanzen: Hornklee, Katzenschwanz, Geranien, Sommernelken, Eisenkraut
Aufrecht wachsend: Geranien, Ziertabak, Feuersalbei, Knollenbegonie, Neuguinea-Impatiens;

Blaue Hängepflanzen: Blaue Mauritius, Blauer Kartoffelbaum, Männertreu, Stiefmütterchen, Glockenblume
Aufrecht wachsend: Kapaster, Bleiwurz, Ysop, Petunien, Ackergaulheil;

Gelbe Hängepflanzen: Gelbes Gänseblümchen, Zwergstrohblume, Felberich, Husarenknöpfchen, Sterntaler
Aufrecht wachsend: Ziertabak, Pantoffelblume, Kapringelblume, Knollenbegonie;

Weiße Hängepflanzen: Geranien, Harfenstrauch, Schneeflockenblume, Buntminze
Aufrecht wachsend: Geranien, Strauchmargerite, Fleißiges Lieschen, Eisenkraut, Greiskraut;

Orangefarbene Hängepflanzen: Kapuzinerkresse, Portulak, Stiefmütterchen, Hornklee, Goldglöckchen
Aufrecht wachsend: Studentenblumen, Schönmalve, Wandelröschen, Gauklerblume, Mittagsgold;

Rosafarbene Hängepflanzen: Geranien, Fuchsie, Elfensporn, Portulak
Aufrecht wachsend: Geranien, Fleißiges Lieschen, Petunien, Eisenkraut, Ziertabak;

Violette Hängepflanzen: Geranien, Duftsteinrich, Surfinia, Männertreu, Kaskadenblume
Aufrecht wachsend: Leberbalsam, Neuguinea-Impatiens, Eisenkraut, Petunien, Geranien;

Lilafarbene Hängepflanzen: Männertreu, Fuchsie, Fächerblume, Glockenwinde
Aufrecht wachsend: Petunien, Eisenkraut, Vanilleblume, Leberbalsam, Tibouchina.

Ich empfehle Ihnen, den Farbentest zu machen, bevor

Sie die Entscheidung treffen, mit welchen Farben Sie sich auf Ihrem Balkon oder Ihrer Terrasse – immerhin einen ganzen Sommer lang – umgeben wollen und sollten.

Der chinesische Garten

Die chinesische Tradition, einen Garten anzulegen, steht in völligem Gegensatz zu unserer vorherrschenden Vorliebe, die in Farben schwelgt und sich in der Anlage hauptsächlich daran orientiert, daß, wenn die Blüte der einen Pflanze beendet ist, gleich eine andere mit möglichst ähnlich wirkenden Farben zur Geltung kommt und die Blüte übernimmt.

Im chinesischen Garten besteht das Ziel umgekehrt darin, möglichst keine flammenden Farben, die in deutlichen Kontrasten angeordnet sind, hervorzubringen, sondern die *Pflanzenfarbe und -form* dienen lediglich dazu, die natürliche Umgebung zu unterstützen und hervorzuheben. Innerhalb einer Farbengruppe – etwa den typischen Farben, die im Herbst vorherrschen – werden Pflanzen gleicher Farbe, aber vielfältigster und deutlicher Schattierungen angeordnet. In dieser Palette ist der Herbst das dominierende Thema, und dieses wird zu höchster Perfektion stilisiert. Zusätzlich gibt es weiße und farblose Orte (Wasser), deren Funktion darin besteht, die übrigen Farben des Gartens zu reflektieren und noch zu unterstreichen.

Ein weiteres Kriterium der chinesischen Gartenanlage besteht darin, nur *einheimische* Pflanzen dort gedeihen zu lassen, die an die Voraussetzungen der Erde und ihre Farben bestens angepaßt sind. Die Kunst besteht darin, die natürliche Vegetation durch kaum merkliche Eingriffe in ihrer ästhetischen Wirkung zu erhöhen. Nicht exotische Pflanzen, Farbenvielfalt und -kontraste sind hier erforderlich, sondern die Schönheit der Natur soll zur Geltung gebracht werden. Nur sie paßt harmonisch in einen größeren Landschaftszusammenhang, zu dem auch ein subtiles Spiel mit den Farben von Erde und Himmel und der vorherrschenden Baumart gehört.

In China werden immergrüne Baumsorten den Laubbäumen vorgezogen, da sie als Symbol der Langlebigkeit gelten. Ein sehr beliebter Baum ist die Trauerweide, die einen idealen Schutz vor unliebsamen Aussichten bietet, allerdings einen großen Garten erfordert, da sie in Gruppen von mindestens drei, besser fünf Bäumen stehen soll.

Steinen kommt in den chinesischen Gärten eine besondere Funktion zu. Sie sind ebenso eigenständige Komponenten wie die Bepflanzung, werden wegen ihrer Formen bewundert und an bestimmten Orten plaziert. Sie erhalten ein empfindliches Gleichgewicht zwischen dem Gartengrundstück und den Anforderungen an harmonische Formen. Auf sehr flachem Boden, Repräsentant des Yin, werden zum Ausgleich unregelmäßig geformte Steine aufgestellt, die für den erforderlichen Yang-Anteil sorgen. Das Gleichgewicht von Yin- und Yang-Anteilen wird auch in der Beziehung der Steine zueinander hergestellt. Runde Steinformen gelten als weiblich und brauchen zum Ausgleich entsprechend männlich wirkende gezackte, schroffere Steine oder Felsblöcke. Bei der Verteilung von Steinen im Garten muß man darauf achten, daß sie sich in die Landschaft einfügen, an Wegbiegungen angebracht sind oder Abschlüsse zu bestimmten Pflanzenanlagen bilden, aber keinesfalls beliebig im Garten verteilt sind.

Wasser ist im Garten ein wesentliches Element. Nicht nur, weil es die Pflanzen tatsächlich nährt, sondern auch wegen seiner symbolischen Funktion: Im Elementekreislauf gehören Erde und Wasser zusammen, und ein Garten ohne Wasser gilt immer als nicht fruchtbar und unvollkommen. In welcher Form das Wasser vorkommt, ist unwesentlich. Man richtet sich nach den Gegebenheiten der Umgebung. Auf einem flachen Gartenstück würde man einen Teich anlegen, während ein hügeliger Garten sich eignet, einen kleinen Bach hindurchplätschern zu lassen, was vom atmosphärischen Aspekt her vorzuziehen wäre. Denn das Murmeln und Plätschern von wanderndem Wasser gilt als naturgegeben; die Natur nachzubilden und darzustellen ist aber im chinesischen Garten höchstes Ziel.

Nach der alten chinesischen Feng-Shui-Formschule gehört der *Teich,* der sogenannte *Ming Dang,* vor jedes Haus. Er garantiert Fruchtbarkeit, positive Energien und auch Sicherheit, da man wegen seiner Lage einen großen Platz vor dem Haus überblicken und fremde, sich nähernde Personen leicht erkennen kann. Im Laufe der Zeit hat sich die Funktion des Ming Dang verändert.

War der Wasseraspekt ursprünglich von wesentlicher Bedeutung, besonders wenn am Haus kein natürliches Wasser vorbeifloß, so ist an dessen Stelle mittlerweile immer stärker die symbolische Funktion getreten, das heißt, als Ming Dang kann auch ein Wasserbecken oder bei größeren Gebäuden auch ein Hof oder eine Halle mit bestimmter Formensymbolik dienen. Die Form des Teiches sollte am besten halbrund sein, die gerade Seite dem Haus zugekehrt, die runde von ihm wegführend.

Wenn ein Garten so groß ist, daß verschiedene Bäche durch ihn fließen und *Brücken* erforderlich sind, um über sie hinüber zu gelangen, wacht man bei der Anlage der Brücken streng darüber, daß sie nicht im rechten Winkel über den Bach führen. Als ideal gelten verschiedene Brücken, die alle in anderen Winkeln über das Wasser führen und so entschieden eine Ansammlung von schlechten Energien im Garten verhindern. Feng-Shui-Theoretiker halten neun Kurven und Krümmungen in einem Garten für die glücklichste Zahl.

Desgleichen sollten auch *Gartenwege* nie gerade Linien bilden, auf denen sich *Sha* akkumuliert. Ebenso wie gewundene Bäche und unregelmäßig angelegte Brükken sollen die Wege durch den Garten leichten Windungen folgen und sich durch den Garten hin und her schlängeln.

Von Menschenhand Erschaffenes ist im chinesischen Garten also durchaus nichts Unerlaubtes, nur sollte es sich in die natürliche Harmonie einfügen. Je nach Gartengröße können auch Gebäude, also *Teehäuser, Pagoden und Pavillons* ihren Platz darin finden und den Menschen angenehme und bequeme Aufenthaltsstätten bieten. Auch *Geräteschuppen* haben ihren vernünftigen und erlaubten Platz im Garten. Allerdings sollten sie dekorativ sein oder ansonsten hinter Büschen oder auch kleinen Mauern verborgen bleiben. *Mauern* gelten übrigens wegen ihrer Trennungsfunktion nicht als negativ. Man kann mit ihnen einen kleinen Garten optisch vergrößern – besonders, wenn sie gewinkelt sind –, unansehnliche Orte wie Kompostecken verschwinden lassen oder sich einen windgeschützten Sitzplatz verschaffen.

Beim Entwurf des Gartens sollte man von vornherein einbeziehen, wie man diesen am meisten nutzt. Die Chinesen unterscheiden zwischen dem *statischen* und dem *mobilen Garten.* Im ersten Fall legt man den Garten so an, daß er ganz auf den Blick aus einem bestimmten Fenster hin angelegt ist, man also weniger den Garten bewohnt als seine Kulisse als Perspektive nutzt. Im zweiten Fall hingegen dient der Garten der Entspannung, indem man in ihm wandelt, ihn also in ständiger Veränderung wahrnimmt. Ein mobiler Garten entwikkelt mit jeder Biegung, ja sogar mit jedem Schritt eine neue Perspektive.

Die Idee der *Perspektive* spielt eine besondere Rolle. Nicht nur die Details innerhalb des Gartens bilden den Ausblick, sondern auch die Elemente, die hinter der Gartenmauer stehen, können in das Bild miteinbezogen werden. So könnte man zum Beispiel in eine Gartenmauer, hinter der sich in einiger Entfernung eine schöne Baumgruppe erkennen läßt, ein Loch schlagen, so daß dieses sozusagen den Bilderrahmen für die dekorativen Bäume bildet. Auch einen eher unangenehmen Ausblick, etwa auf eine entfernte Industrielandschaft, kann man durch spezielle Arrangements wie Rundbögen, Pflanzenspaliere oder Strächeranordnungen ästhetisieren und in eine interessante Gartenperspektive einbauen.

Beide hier vorgestellten Gartenkonzepte – die farbenfrohe, schwelgerische Bepflanzung, die ich hier exemplarisch in Form von möglichen Balkon- oder Terrassenarrangements präsentiert habe, und die eher zurückhaltende, auf Anpassung und Hervorhebung natürlicher Quellen achtende chinesische Tradition – enthalten interessante Aspekte. Aus beiden sollten wir je nach Geschmack und Vorliebe die für uns heilsamen und wohltuenden Teile herausziehen, damit sie uns das Gefühl von Frieden, Harmonie und Einssein mit der Natur vermitteln.

Teil III

Die Reise in unser innerstes Haus

Um in Harmonie zu leben, bedarf es nicht nur einer äußeren Umgebung, die im Einklang mit der Natur ist, sondern auch innerer Ausgewogenheit, damit sich Körper, Geist und Seele in Übereinstimmung mit den irdischen und kosmischen Zyklen befinden.

Körperliche Gesundheit ist nicht von der psychischen und seelischen zu trennen. Wir können und sollten für unser allgemeines Wohlbefinden in vielfältiger Weise und auf verschiedenen Ebenen sorgen. Dazu gehört eine gesunde Ernährung ebenso wie der Verzicht auf Nikotin, Alkohol, Drogen und überflüssige Medikamente. Zufriedenheit in der Familie und am Arbeitsplatz sind ebenso wichtige Voraussetzungen für Gesundheit wie die Zufriedenheit mit sich selbst. Wie aber kann man diese erlangen, wenn die äußeren Bedingungen nicht immer einfach, schön und harmonisch sind, wenn schwierige Entwicklungsphasen der Kinder oder nächtelange, durch Kinderkrankheiten bedingte Schlaflosigkeit sich abwechseln mit beruflichem Ärger, gar dem Verlust des Arbeitsplatzes, ganz zu schweigen von so dramatischen Ereignissen wie Unfällen, schweren Krankheiten, finanziellen Einbußen (oder gar Ruin) und dem Tod eines nahestehenden Menschen? Wir leben nun einmal nicht problemfrei unter einer Glasglocke, und auch wenn unser eigenes Leben sich relativ störungsfrei entfaltet, können wir nie sicher sein, daß das so bleibt. Auch können wir die Kümmernisse und Sorgen unserer Umwelt nicht ignorieren, abgesehen von weltweit erlittenem Elend, vor dem wir unsere Augen nicht verschließen dürfen.

Aber bei allem eigenen oder Mit-Leiden sollten wir uns nicht verlieren, sondern immer wieder zur eigenen Mitte zurückfinden, aus der wir die Kraft beziehen, mit einer grundsätzlich positiven Einstellung das Leben zu bewältigen und es harmonisierend und nach Besserem und Gutem strebend zu beeinflussen.

Wenn Heilige und Mystiker von «Haus», «Raum» oder «Wohnort» sprechen, meinen sie oft den menschlichen physischen Körper. Als Bewohner dieses «Hauses» wird die menschliche Seele gesehen. Mit anderen Worten: Wir haben Verantwortung für unseren Körper, für unsere seelische Behausung. Leider ignorieren wir unsere spirituelle Seite oft weitgehend und opfern unsere Seele und unseren Körper einer vergänglichen Welt.

Es gibt grundlegende Gesetze und Kreisläufe, die sowohl für den Geist als auch für die Natur und unseren Körper – unseren inneren Raum – gelten. Uns kann die Wirkung der inneren Verschmutzung oder Vernachlässigung ebenso bewußt werden wie die Verschmutzung unserer Umwelt. Wir können jedoch lernen, die ursprüngliche Harmonie der Natur und unseres Selbst wiederherzustellen. Wir brauchen nur die Aufmerksamkeit auf unsere Seele zu lenken. Dies geschieht durch Meditation: Wenn wir unsere Aufmerksamkeit an einem Punkt zwischen den Augenbrauen, dem Sitz der Seele, zusammenziehen, können wir unsere innere Wahrheit finden und zum Ursprung und zur Quelle aller Kraft, Harmonie und Liebe gelangen. Wir können unseren inneren Raum – den Körper – ebenso erhellen wie die uns außen umgebenden Räume. Wenn wir täglich meditieren, lassen Streß und Anspannung nach, wir werden gelassener und fröhlicher. Wir können Probleme ruhiger und entspannter angehen und dadurch leichter zu Lösungen kommen. Wir erleben innere Kraft und Unterstützung und sind dadurch erfolgreicher in allen weltlichen Aktivitäten.

Ein natürliches Ergebnis regelmäßiger Meditation ist größere Effizienz und Kreativität sowohl am Arbeitsplatz als auch im eigenen Haus und ein verbessertes körperliches Wohlbefinden. Menschen um uns herum sind gern in einer harmonischen Umgebung – nicht nur räumlich. Wir entwickeln Liebe für andere Menschen und für jede Kreatur. Wir werden erkennen, daß etwas, das uns vorher aus der Fassung brachte, uns jetzt nicht mehr beeinflußt. Frieden und Harmonie werden in unsere innere und äußere Wohnung einkehren. Der größte Segen der Meditation ist, daß wir nicht nur Frieden und Harmonie im eigenen Haus schaffen, sondern auch zum Frieden in der Welt beitragen. Der Weltfrieden kann nur dann Wirklichkeit werden, wenn jeder von uns in seiner eigenen Umgebung Frieden schafft.

Für unsere räumliche Umgebung ist es von größtem Nutzen und Gewinn, wenn wir darin meditieren. Sie merken sofort die wohltuende Wirkung, wenn Sie Räume betreten, in denen Harmonie herrscht.

Viele Wege führen zur eigenen Mitte. Im folgenden

möchte ich Ihnen einige ausgewählte Meditationen vorstellen, die so einfach sind, daß auch in der Meditation ungeübte Menschen sie ausführen können, und die gleichzeitig eine ausgesprochen starke Wirksamkeit besitzen.

Die Meditation

Meditation bietet uns eine Möglichkeit, für die positiven Energien wie Licht, Liebe, Güte (Gutsein wollen) empfänglicher zu werden und das Negative hinter uns zu lassen. Die Meditation eröffnet uns Empfindungen der Freude, der Zuversicht und des Friedens. In dem Maße, wie wir von Frieden erfüllt sind, können wir dieses Gefühl an unsere Umwelt weitergeben. Man könnte die Meditation als eine Kraft- und Konzentrationsaufladung betrachten, die uns mit spiritueller Energie erfüllt. Diese Energie regeneriert unseren Körper und reinigt unsere Emotionen und Gedanken. Innerlich gereinigt, strahlen wir unsererseits spirituelle Energie aus. Tief empfundene Gefühle von Frieden und Gedankenklarheit erfüllen uns mit einer Schwerelosigkeit, die man uns ansieht, denn sie läßt uns jung aussehen. Negative Emotionen, Ärger, Selbstbezogenheit verdüstern unsere Gedanken, in die die Kraft der Meditation aber wieder Licht hineinzutragen vermag. Die Meditation heilt unsere zersplitterte Seele, macht sie stark und einheitlich, so daß wir nicht länger unsere Energien auf unwesentliche Dinge verschwenden. Regelmäßige Meditation macht die Menschen kreativer und erweitert ihr Bewußtsein.

Bewußtseinserweiterung aber ist ein wesentlicher Schritt zur Vervollkommnung der eigenen Persönlichkeit. Indem wir auf die Schwingungen unserer schwankenden Gemütszustände mit Gedanken reagieren, die ihrerseits als Schwingungen des großen kosmischen Gesetzes zu betrachten sind, bringen wir Licht und Wahrheit in ein ungeordnetes Chaos. Gedanken, die sich in uns entwickeln, können wir auch als Ausdruck unserer Seele und des Allmächtigen in uns sehen.

In der Meditation wird das Gemüt von allen störenden und ablenkenden Einflüssen gereinigt, und wir können zu wahren geistigen Inhalten vordringen, die sich von gedanklichen, ideologischen Zwängen aller Art befreit haben, von Aberglauben, Dogmen, Illusionen und Erstarrung. Meiner Meinung nach besteht die größte Gefahr in der menschlichen Entwicklung darin, daß man sich an bestimmte Emotionen klammert und in dieser Haltung erstarrt. Wenn eine geistige Entwicklung aufhört, wird man fanatisch. Fanatismus aber führt zu Haß, Eifersucht und Krieg.

Die Meditation sollte man nicht als Spielerei betrachten, sondern sich um einen guten Lehrer bemühen, der einen in die Techniken und Hintergründe einweist. Die verschiedenen Stufen der Bewußtseinserweiterung durch Meditation verlaufen parallel mit den einzelnen Chakren im Körper, die von unten nach oben steigend zunehmende Bewußtseinsstufen repräsentieren.

Bevor ich Ihnen einfache Meditationen vorstelle, möchte ich Ihnen zum besseren Verständnis unserer eigenen Bewußtseinsprozesse – oder anders gesagt: der einzelnen Räume auf verschiedenen Etagen unseres inneren Hauses – die verschiedenen Chakren und ihre Funktionen vorstellen.

Die Chakren

Die *Chakren* sind Energieschaltstellen in unserem Körper, eng verbunden mit unserer Bewußtseinsentwicklung und – auf der rein physischen Ebene – mit unserem Drüsensystem. In diesen Zentren der Energie konzentrieren sich die Körperkräfte, die unterschiedliche Funktionen in Körper, Geist und Seele beeinflussen. Ihre Aufgabe besteht darin, den Menschen zu vitalisieren und für einen harmonisierenden Austausch zwischen Innen und Außen zu sorgen. Ein Chakra ist wie ein dreidimensionales, sich ständig im Uhrzeigersinn vom Zentrum nach außen drehendes und dabei Energie produzierendes Rad. Wenn wir gesund und in Harmonie mit uns sind, ist dies ein Beweis dafür, daß die Chakren genau die Energie produzieren, die wir benötigen.

Die Chakren – im allgemeinen besteht Konsens darüber, daß es sechs verschiedene sind, auch wenn ich für meine naturheilkundlichen Behandlungen noch einige zusätzliche Energiezentren in Betracht ziehe – haben unterschiedliche Farben und Funktionen. Jeder Mensch befindet sich auf einer Bewußtseinsstufe, für die ein bestimmtes Chakra beherrschend ist. Innerhalb eines Menschenlebens kann man sich weiterentwickeln und zur nächsthöheren Ebene gelangen. Der Sprung vom ersten Chakra zum sechsten ist allerdings in diesem Zeitraum nicht möglich. Im äußersten Fall kann man vom zweiten Chakra zum letzten gelangen, wobei die Meditation hilft, diese Entwicklung zu beschleunigen.

Das *erste Chakra* wird auch Basiszentrum genannt. Ihm sind die Farbe Rot und das Element Erde zugeordnet. Es ist verantwortlich für die körperlichen Vorgänge, die uns reinigen, für die Stärke der physischen Energie, für den Lebenswillen und die Grundvitalität. Der Mensch, der sich bewußtseinsmäßig auf dieser ersten Stufe befindet, ist noch ein vornehmlich unbewußtes Wesen, blind gebunden an sein Schicksal. Diese «Tiermensch»-Bestimmtheit ist durch einen ungesteuerten Sexualtrieb gekennzeichnet.

Das *Sexualchakra* ist zuständig für die Zeugung. Auf der Ebene dieses zweiten Chakras, des Sexualzentrums, findet ein erstes heraufdämmerndes Bewußtwerden, ein erstes geistiges Erwachen statt. Im Bereich des Sexuallebens sucht der Mensch nach einem körperlich passenden Partner, wobei er bereits eine gewisse Auswahl trifft. Die diesem Chakra zugeordnete Farbe ist das Orange, das entsprechende Element ist das Wasser.

Das *Nabelchakra* ist die Kraft, die das Leben in dieser Welt erhält. Es entspricht dem Element Feuer, der Ich-Kraft, dem Emotionalkörper, den Astralkräften und der Farbe Gelb. Hierzu gehört als Körperorgan die Milz, die Sammelstelle und der Verteiler des sichtbaren und unsichtbaren Lichtes. Auf dieser dritten Stufe wird der Mensch sich seines Gefühlslebens bewußt. Er orientiert sich in der Liebe an der Sehnsucht nach einem auch geistig passenden Partner und nach Familienleben. Seine affektiven Befriedigungen laufen stark über den Nahrungsbereich.

Das *Herzchakra* ist verantwortlich für die Kontrolle über den Todesvorgang, für die Auflösung, die überpersönlichen Kräfte und Liebe. Es entspricht dem Element Luft und den Farben Grün und Rosa. Dieses vierte Chakra ist zuständig für die Bewußtwerdung auf der mentalen Ebene. Es ist durch einen ausgeprägten Wissensdurst und die Lust auf Lernen und weitere Erfahrungen charakterisiert. Menschen auf dieser Stufe ist es wichtig, sich geistig zu beschäftigen und gefordert zu sein. In der Liebe sucht man nach einem Partner, der einem auch und besonders intellektuell liegt und verständnis- und liebevoll auf uns reagiert. Für Menschen dieser Entwicklungsstufe kommt nur eine Liebesheirat in Betracht. Hier entsteht die Erfahrung der überpersönlichen Liebe, die Fähigkeit zu vergeben und der Abscheu vor der Tötung menschlichen wie tierischen Lebens. Man versucht, die göttlichen Gesetze zu erkennen und zu befolgen. Rot wird auf dieser Stufe zu Rosa transformiert.

Das fünfte Chakra, das türkisfarbene *Kehlkopfchakra*, übt die umfassende Kontrolle über die drei darunter liegenden Chakren aus – die Chakren für die Erzeugung der Spezies, für die Erhaltung unseres Lebens und für unseren Tod. Es steht für unsere innere Wahrheit und Kommunikation, entspricht dem Element Äther und der Farbe Türkis. Auf dieser fünften Bewußtseinsebene erkennt der Mensch die ihm innewohnenden Kräfte und Gedanken. Er wird sich seiner magischen und suggestiven Kraft bewußt und strebt nach Selbstbeherrschung wie auch nach Beherrschung seines Schicksals. Aus einem inneren Drang heraus und in Übereinstimmung mit tief empfundenen göttlichen Gewissensgesetzen, die nun auch begriffen werden, lebt man jetzt nach hohen moralischen Anforderungen.

Das *sechste Chakra*, auch «Drittes Auge» oder «Einzelauge» genannt, gilt als Sitz der Seele und gehört zu Indigoblau. Dies ist der Punkt mitten auf der Stirn, an dem Konzentration, Meditation und inneres Sehen stattfinden. Während der Mensch auf der ersten Stufe als Tiermensch charakterisiert ist, wird er auf der sechsten Bewußtseinsstufe als Gottmensch anerkannt. Hier vollzieht sich der Übergang von der Körperlichkeit zur Geistigkeit. Der Mensch erkennt sich selbst als geistig bewußte Seele im Einklang mit Gott.

Wir müssen zur Kenntnis nehmen, daß jeder Mensch die verschiedenen Bewußtseinsebenen durchläuft, und dürfen uns keinesfalls denen überlegen fühlen, die in ihrer Bewußtseinsentwicklung noch nicht so weit sind wie wir. Immer gilt, daß man durch positive Gedanken und Ausstrahlungen auch die Umwelt und die anderen Menschen zu einem Streben nach Besserem anregt.

Während jedes einzelne Chakra für einen bestimmten Energiebereich des Körpers zuständig ist, umschließt die *Aura* den gesamten Körper als ein zusammenhängendes Schwingungsfeld, das eine einheitliche Grundtönung hat. Wenige Menschen sind in der Lage, die Aura eines Menschen, die übrigens per Kirlianfotografie nachprüfbar ist, mit dem bloßen Auge zu erkennen.

Die Chakren verfügen, wie bereits dargestellt, über Grundfarben, die auch gleichzeitig ihre Harmoniefarben sind. Das heißt, daß man zur Harmonisierung eines negativ beeinflußten oder gestörten Sexualchakras die Farbe Orange zur Verstärkung eben dieses Energiezentrums zu Hilfe nimmt. Eine Chakrastörung kann sich sowohl in zu langsamer wie in zu schneller Drehung äußern. Die Eigenschaften der im einzelnen Chakra enthaltenen Farben spiegeln die Eigenschaft des Chakras wider.

So wie wir uns durch die Verwendung gewisser Farben und Formen entsprechend unserer ganz individuellen Bedürfnisse in unserer Umgebung – bei der Einrichtung unserer Wohnung, bei der Gestaltung unseres Balkons und Gartens oder des Arbeitsplatzes – harmonisieren und in ein psychisches und physisches Gleichgewicht bringen, so können wir auch unser Inneres mit denselben Mitteln in Ordnung bringen.

Bei Chakrastörungen empfehle ich spezielle Meditationen mit der Harmoniefarbe des Chakras, dessen Energiefluß gehemmt ist. Wenn man ein ganz allgemeines Bedürfnis nach Reinigung und Klärung hat, gibt es hierfür Körpermeditationen mit den entsprechenden Farben. Wenn Sie die Kraft eines bestimmten Formsymbols benötigen, meditieren Sie über dieses Symbol.

Namen (Drüsen)	Funktionen	Harmonie-farben	Heilfarben
Basischakra Steißbein	Gesamte Lebensenergie, Grundvitalität	Glutrot, Scharlach-rot	Bei Unterfunktion: Tiefrot, Magenta; bei Überfunktion: Türkis, Blau
Sexualchakra Keimdrüsen	Schöpferkraft, Sexualität	Zinnober-rot, Orangerot	Bei Unterfunktion: Orange; bei Über-funktion: Blau
Hara	Physischer Schwerpunkt, Gleich-gewichtspunkt	Grün	Bei körperlichem und seelischem Ungleich-gewicht, Energie-schwäche: Orange
Milz	Sammlung und Verteilung von Sonnen- und Lebensenergie	Violett	Gelb und Violett
Nabelchakra Solarplexus	Verdauung, Ich-Kraft, Emotionalkörper, Astralkräfte	Gelb	Bei Unterfunktion: Gelb, Orange, Rot; bei Überfunktion: Grün
Herzchakra	Überpersönliche Kräfte Liebe, Blutkreislauf, Auflösung	Grün, Rosa	Bei Unterfunktion: Magenta; bei Über-funktion: Blau, Grün
Thymus-drüse	Immunsystem – Lösen von Vergangenem	Lemon	Bei Unterfunktion: Lemon (Gelbgrün)

Namen (Drüsen)	Funktionen	Harmonie-farben	Heilfarben
Kehlkopf-chakra Schilddrüse	Kommunikationsfähigkeit, Kreativität; innere Wahrheit	Türkis	Bei Unterfunktion: Orange; bei Überfunktion: Blau
Hände	Sammlung und Austausch von Heilenergien	Irisierend	Zur Anregung: Weiß, Magenta; bei Überempfindlichkeit: Blau, Grün
Augenchakra Drittes Auge Hypophyse	Konzentration und Meditation, Sitz der Seele, Bewußtsein vom Selbst; Spirituelle Sehfähigkeit	Indigoblau	Bei Unterfunktion: Indigo, Grün; bei Gefahr der isolierten Überbetonung: Orange
Scheitel-zentrum Epiphyse	Öffnung für höhere Dimensionen, Verbindung zum Kosmos	Heiligen-schein	Zur Öffnung: Violett, Weißgold oder Magenta; zur Beruhigung: Grün

Entspannung und Harmonisierung durch Chakrameditation

Eine Voraussetzung für echte Meditation ist Entspannung. Begeben Sie sich in einen abgedunkelten Raum, in dem Sie sich auf Ihr Bewußtsein konzentrieren können. Nach einigen körperlichen Lockerungsübungen, die sowohl den Kreislauf stabilisieren als auch Stauungen lösen und den Körper von negativen Energien befreien, gelingt Ihnen die tiefe Entspannung leicht.

Überprüfen Sie den Grad Ihrer körperlichen Entspanntheit, indem Sie von den Zehen aufwärts jeden Körperteil im Geiste durchgehen und ihn jeweils bewußt entspannen. Besonders wichtig sind die Füße. Wenn diese verkrampft sind, kann sich auch der restliche Körper nicht entspannen. Nehmen Sie eine bequeme Körperhaltung ein, sei es sitzend oder liegend.

Bei der Meditation konzentrieren Sie sich nacheinander auf die einzelnen, den Chakren entsprechenden Körperzonen. Beginnen Sie unten beim Basischakra. Was empfinden Sie, wenn Sie sich imaginativ an den Punkt begeben, der ungefähr am unteren Steißbein liegt? Stellen Sie fest, wie es sich dort anfühlt, welche Farben, welche Helligkeit oder Dunkelheit hier herrschen. Nun konzentrieren Sie sich darauf, sich an dieser Stelle eine dunkelrote, angenehm warme Glut vorzustellen, die Ihnen Zuversicht und Lebenskraft gibt.

Bewegen Sie sich im zweiten Schritt nach oben zum Sexualchakra. Richten Sie all Ihre Gedanken auf Ihren Beckenbereich, in dem eine intensive orangerote Sonne wirkt und Ihre Kreativität stärkt.

Nun lassen Sie Ihre Gedanken in den Bereich des Solarplexus (Bauch) aufsteigen und in die wohltuend beruhigende und harmonisierende Wirkung einer leuchtend grünen Wiese eintauchen.

Wenn Sie sich ganz entspannt und hingegeben fühlen, konzentrieren Sie sich auf die Brustmitte, den Bereich des Brustbeins, und stellen Sie sich eine aufgehende goldene Sonne über einer grünen Wiese vor. Visualisieren Sie die sanfteren Sonneneindrücke, besonders die rosafarbene Morgenröte und Abenddämmerung. Die Sonne durchstrahlt Ihre gesamte Brust, und Sie empfinden intensive Liebe.

In einem weiteren Schritt bewegen Sie sich in den Halsbereich, an den Kehlkopf, auf dem ein türkisblauer Edelstein strahlt. Er beschützt Sie vor bösen äußeren Einflüssen und schenkt Ihnen eine herrliche und befreiend erweiternde Gedankenklarheit.

Nun begeben Sie sich gedanklich zu dem «Dritten Auge» in der Stirnmitte. Hier herrscht über Ihnen und um Sie herum die unendliche Tiefe eines bestirnten indigoblauen Nachthimmels. Dieser wirkt in Sie hinein und verändert Ihren Blick. Was nehmen Sie wahr? Verändert sich die Wahrnehmung Ihres inneren Blicks?

Die letzte Meditationsetappe umfaßt den Bereich oberhalb Ihres Kopfes, wo strahlendes, weißes Licht in Sie hineinscheint und durch Ihren Körper hindurchflutet.

Wenn man aus der Meditation herauskommt, sollte man sich etwas Zeit lassen, um wieder zurück in die Wirklichkeit zu finden. Atmen Sie mehrmals tief ein und aus. Das hilft, in eine andere Wirklichkeitsebene zurückzukommen.

Farbmeditationen zur Heilung mit dem inneren Licht

Äußerst eindrucksvolle Ergebnisse erzielen die Lichtmeditationen, bei denen man je nach Farbe vorsichtig verfahren sollte. Verzichten Sie als Laie und ohne Betreuung durch einen erfahrenen Meditationslehrer auf eine Farbmeditation mit Rot. Hingegen kann ich jedem empfehlen, die tiefgehende Wirkung dieser Meditationsform mit dem violetten Licht und anschließend mit goldenem Licht zu erfahren.

Die Meditation mit violettem Licht ist reinigend und vitalisierend. Auf diesem Wege befreien Sie sich von den Körper belastenden Giftstoffen und Ablagerungen ebenso wie von negativen Gedanken, Verspannungen und Problemen. An die Meditation mit violettem Licht schließen Sie die Meditation mit goldenem Licht an, das anschließend in Ihrem von allem Belastenden befreiten Körper seine ganze strahlende, heilende und vitalisierende Kraft entfalten und Sie zu einem Menschen mit ganz neuer Frische und Stärke machen kann.

Farbmeditation zur inneren Klärung

Wie bei der Chakrameditation bereits beschrieben, schafft man günstige Entspannungsvoraussetzungen, bevor man mit der Meditation beginnt. Bei der Farbmeditation ist eine sitzende Haltung mit möglichst aufrechter Wirbelsäule erforderlich. Dennoch sollten Sie ganz entspannt sitzen, Sie können sich auch anlehnen.

Nachdem Sie mehrmals tief Atem geholt und beim Ausatmen bewußt alle Giftstoffe aus Ihrem Körper herausgelassen haben, stellen Sie sich eine violette Flüssigkeit vor, die über den Scheitel in Ihren Kopf einfließt. In kreisenden Bewegungen durchflutet diese Flüssigkeit nun von ganz oben bis ganz unten Ihren Körper, wobei sie nacheinander jedes einzelne Körperteil durchspült und in vollkommen gereinigtem Zustand zurückläßt. Schließlich verläßt sie den Körper und dringt tief in die Erde ein, wo alle mitgeschwemmten negativen Energien in positive transformiert werden.

Durchstreifen Sie bei der Meditation Ihren Körper in dieser Reihenfolge: Zunächst fließt die violette Flüssigkeit durch den Kopf, den Hals, die Halswirbelsäule, in beide Schultern und Schulterblätter, dann in die Arme, Hände und bis in die Fingerspitzen.

Weiter geht der Strom durch die Brustwirbelsäule und den Oberkörper, den Brustraum und die Rückenpartien, durch die einzelnen Organe: das Herz, die Lunge, den Magen, die Leber und Gallenblase (rechts innen unter den Rippen), die Milz und die Bauchspeicheldrüse (links unter den Rippen).

Nun fließt das Licht weiter durch Ihre Taille hinunter in den Unterkörper, durch Ihren gesamten Darm, die Nebennieren (hinten innen unter den Rippen) und die darunter liegenden Nieren, durch den Unterleib, die Keimdrüsen – bei Frauen die Eileiter, Eierstöcke und die Gebärmutter, bei Männern die Prostata – und schließlich durch die Blase und den Anus. Sodann beschreibt die Flüssigkeit kleine kreisende Bewegungen durch beide Beine hindurch – die beiden Beckenschaufeln, die Oberschenkel, beide Knie, die Waden, durch die Knöchel, die Fersen und durch beide Füße bis zu den Zehenspitzen, wo die violette Flüssigkeit den Körper verläßt.

Verfolgen Sie während dieser Wanderung durch den Körper aufmerksam dessen Reaktionen. Gibt es Stellen, deren Besuch unangenehm wirkt, die einer intensiveren Klärung bedürfen? Wenn Sie diesen Eindruck haben, verweilen Sie hier, durchspülen Sie liebevoll jede einzelne Zelle dieses Körperteils oder Organs, und lassen Sie es erst hinter sich, wenn Sie sicher sind, daß Sie es wirklich von allen Giften völlig befreit haben.
Atmen Sie schließlich mehrmals tief durch. Wie fühlen Sie sich? Ist Ihr Körper von allen Schlacken gereinigt und offen für die frischen Energien, die ihn erfüllen wollen? Dann machen Sie sich bereit für eine beglükkende Meditation mit dem goldenen Licht.

Farbmeditation für neue Lebensenergie

Wiederholen Sie nun die oben beschriebene Farbmeditation zur inneren Klärung, die Sie mit der imaginären violetten Flüssigkeit gemacht haben, indem Sie die gleiche Reise durch den Körper unternehmen, aber anstelle der violetten eine goldene Flüssigkeit hindurchströmen lassen. Wieder fließt diese am Scheitel in den Körper hinein und verläßt ihn durch die Füße. Während der Meditation sollten Sie sich nun ganz intensiv auf das Gefühl konzentrieren, daß jede einzelne Körperzelle sich mit kosmischer und göttlicher Energie füllt. Sie werden in jeder Hinsicht – körperlich, geistig und seelisch – gestärkt, belebt und mit Freude erfüllt. Auch die Erde, in die die Flüssigkeit nach der Meditation tief eindringt, profitiert von deren kraftspendender Eigenschaft.

Als schön und beglückend erfahren Menschen, die die Erfahrung dieser beiden Meditationen gemacht haben, den Vergleich ihrer sie nun durchströmenden Gefühle mit denen, die sie zuvor empfanden. Wie geht es Ihnen? Fühlen auch Sie sich frischer, wacher, klarer und glücklicher?

In meinen Seminaren schließe ich an diese Meditation noch eine weitere Übung an, wobei ich die Teilnehmer auffordere, sich auf ihr «Drittes Auge» zu konzentrieren, Licht dorthin fluten zu lassen und sich mit den vor ihrem inneren Auge spontan aufsteigenden Farben zu harmonisieren. Wegen der unterschiedlichen Kraft der Farbmeditation möchte ich Sie allerdings bitten, diese Übung nur unter fachkundiger Aufsicht durchzuführen.

Symbolmeditation

Nicht nur die Farben können uns mit ihren erstaunlichen Schwingungen beeinflussen und unsere Stimmungen, Gefühle und unsere Gesundheit prägen. In ähnlich starker Weise sind dazu einzelne Formen fähig. Symbole sind Formen mit verdichteter Information, weshalb ihre Schwingungen besonders stark auf uns Menschen wirken können.

Im ersten Teil des Buches habe ich einige wichtige Symbole vorgestellt. Wenn Sie das Bedürfnis haben, sich mit der Kraft eines Symbols – mit seinen Schwingungen – anzureichern, meditieren Sie über diesem Symbol. Dabei können Sie dieses vor sich auf den Boden legen oder an die Wand projizieren und sich bei der Betrachtung immer tiefer hineinversenken. Fortgeschrittenen empfehle ich die Visualisierung des Symbols, über das sie zu meditieren wünschen.

Die Ausgangssituation zur Meditation ist dieselbe wie oben beschrieben: entspannte Haltung, abgedunkelter Raum, tiefes Ein- und Ausatmen vor der Versenkung und im Anschluß an die Meditation.

Lichtmeditation

Besonders erwähnen möchte ich hier die Lichtmeditation. Konzentrieren Sie sich auf einen Punkt außerhalb Ihres Kopfes, der sich in etwa 20 Zentimeter Entfernung in Stirnhöhe, vor dem «Dritten Auge», befindet. Lassen Sie an diesen Punkt Licht strömen, das sich dann allmählich erweitert und zuerst Ihren Kopf und dann den ganzen Körper erfaßt und erleuchtet.

Menschen mit etwas Meditationserfahrung haben das Glück, daß sie bald darauf an diesem Punkt Licht oder Farbe erleben. Das «Dritte Auge» wird auch das «Mysterium der Energie» genannt. Es ist neben den neun anderen Körperöffnungen – Augen, Nase, Ohren, Mund, Darm- und Harnausgang –, aus denen körperliche Energieströme hinausfließen, die zehnte Öffnung, das «zehnte Tor», das einzige, durch das Energie nach innen strömt. Je länger man übrigens vegetarisch gelebt hat, desto leichter erfährt man, wie Energien durch das zehnte Tor eintreten.

Vor der Meditation schalten Sie jegliche Vorstellung oder Erwartung an das Licht oder die Farbe, die kommen soll, aus. Lassen Sie das Licht – oder eine bestimmte Farbe – aus den Schichten Ihres Unterbewußtseins herauskommen. Diese Meditation greift Ihre Bedürfnisse auf, auch wenn Sie sich ihrer zuvor gar nicht bewußt waren. Überlassen Sie sich der Meditation, bis Sie das Gefühl haben, ein harmonisches Gleichgewicht in Ihrem Innern gefunden zu haben. Manchmal verändert sich das Licht während der Meditation allmählich. Geben Sie allen Schattierungen, allen Bildern nach, die vor Ihrem inneren Auge auftauchen.

Farbenwahl bei der Farbmeditation

Farbmeditationen sind ein bewährtes Mittel zur Streßbewältigung und zur Stärkung. Wenn Sie meinen, nicht tatkräftig und optimistisch genug zu sein, so machen Sie diese Meditation regelmäßig und zu festgelegten Zeiten, damit sie ihre volle Wirkung entfalten kann. Steigern Sie sukzessive Ihre meditative Konzentrationskraft, indem Sie die Atemzüge allmählich ausdehnen und auch die Pausen zwischen zwei Atemzügen verlängern. Eine Entspannungsübung beherrschen Sie dann gut, wenn Sie dazwischen langsam bis fünf zählen können. Mit welcher Farbe Sie meditieren, überlassen Sie Ihrem Farbbedürfnis. Sind Sie sich darüber nicht im klaren, können Sie versuchen, verschiedene Farben zu visualisieren und herauszufinden, bei welcher Farbe Sie sich besonders wohl fühlen.

Einige Farben sind dank ihrer Schwingungen besonders geeignet, Spannungen im emotional-seelischen Bereich zu lösen und den Menschen für die Erschließung neuer Bewußtseinsdimensionen bereit zu machen. Besondere Aufmerksamkeit möchte ich auf die im folgenden genannten Farben lenken, deren heilende Wirkung ich immer wieder in Farbseminaren sowie in meiner Naturheilpraxis erfahren habe.

Wenn Sie sich unschlüssig sind, welche Farbe für Sie die geeignete, in Ihrer speziellen Situation erforderliche Heilwirkung entfaltet, lassen Sie sich vielleicht auch durch die spirituelle Kraft, die den Farben jeweils zu eigen ist, lenken. Die Zuordnung der folgenden Schlüsselworte zu einzelnen Farben bezieht sich weniger auf den streng medizinischen Anwendungsbereich als auf die sogenannten karmischen Aufgaben, die uns gestellt sind. In diesem Zusammenhang setzen wir Farbwirkung ein, um unsere Spiritualität und unser Bewußtsein zu erweitern und zu entfalten.

Weiß	Erleuchtung, Reinheit, Klarheit
Gold	Göttliche Schöpferkraft, Vollendung, Liebe
Grün	Allgemeine Harmonisierung, Konzentration auf die eigene Mitte
Orange	Stärkung des Lebensmutes, Annahme und Bewältigung des eigenen Schicksals
Rosa	Entwicklung von Mitgefühl, Sanftmut, überpersönlicher Liebe
Magenta	Mediale Öffnung und Verstärkung bereits vorhandener übersinnlicher Kräfte
Türkis	Geistige Klarheit, schöpferische Ausdruckskraft, innere Wahrheit
Blau	Ruhe, Stärkung von überpersönlichen Heilkräften
Indigoblau	Tiefe spirituelle Meditation, Hinwendung zu rein geistigen Bewußtseinsdimensionen
Violett	Reinigung von Körper, Geist und Seele, Öffnung für kosmische und spirituell-magische Kräfte
Irisierend, Permuttglanz	Freude an der Vollkommenheit der Schöpfung, Fähigkeit zur ganzheitlichen Lebensführung

Anhang

Literaturangaben

«Diagnose: Geopathie», in: Fachkombi Heft 3/94, S. 14ff.

Theodor Henzler: «Die Kraft der Formen, Stadt-Haus-Einrichtung-Bild-Symbol-Garten», in: Licht-Zeichen Nr. 29, S. 9

Jill Purce: Die Spirale. Symbol der Seelenreise. München 1988

Ingrid Riedel: Formen. Kreis, Kreuz, Dreieck, Quadrat, Spirale. Stuttgart 1985

Sarah Rossbach: Feng Shui in Architektur und Landschaftsgestaltung. München 1994

Derek Walters: Die Kunst des Wohnens. Feng-Shui. Bern/München 1994

Derek Walters: Feng Shui. Kunst und Praxis der chinesischen Geomantie. Wettswil 1992

Veröffentlichungen der Autorin

Die richtige Schwingung heilt. (Ingrid S. Kraaz mit Wulfing von Rohr) München 1989

Die Farben deiner Seele. Ein praktisches Werkbuch mit dem 12-Farben-Test. München 1991

Farbtherapie kurz und praktisch. Freiburg 1995

Die Farbkarten (mit 12-Farben-Test). AG Müller-Urania-Verlag, CH-Neuhausen 1992

Die Farb-Heilkarten. AG Müller-Urania-Verlag, CH-Neuhausen 1995

Die Kräuter-Heilkarten. AG Müller-Urania-Verlag, CH-Neuhausen 1995

Die Heilblüten-Farbkarten – zum Auffinden der richtigen Bachblüte. AG Müller-Urania-Verlag, CH-Neuhausen 1990

Wegweiser natürliche Umweltmedizin. Freiburg 1992

Die neue Weiblichkeit. Spiritualität und natürliche Heilkunde für Frauen. München 1991

Gesundes Leben aus Glaube, Liebe, Licht und Natur. München

Bach-Blüten und spirituelle Heilung. Mit 38 Meditationskarten. München 1994

Meditationen zur neuen Weiblichkeit. MC Bauer-Tonprogramm Freiburg

Meditationen zu Bachblüten-Klängen. MC Bauer-Tonprogramm Freiburg

Die sieben Heiler. Die Bachblüten als Text gesprochen. MC Bauer-Tonprogramm Freiburg

Die richtige Farbe heilt. Video im Bauer Verlag Freiburg 1992

Farb-Energie-Set: Farbuntersetzer zum Aufladen für Flüssigkeit mit der jeweiligen Frequenz der Farbe. Eigenverlag 1994

Informationen

über unentgeltliche *Meditationstreffen* nach den Lehren der «Wissenschaft der Spiritualität» mit dem inneren Licht und Ton:

Bundesrepublik Deutschland: Helga Kammerl, Jägerberg 21, D-82335 Berg, Tel. 08151-5 04 49

Schweiz: Angela Sailer, Tödistraße 20, CH-8002 Zürich, Tel. 01-202 23 72

Österreich: Herbert Wasenegger, Mautner-Markhof-Gasse 13–15/V/3, A-1110 Wien, Tel. 01-707 99 82 oder 778 66 34

USA: Science of Spirituality Center, 4 S 175 Naperville Rd., Naperville, Ill. 605 63, Tel. 001-708-955 1200

Indien: Kirpal Ashram, 2 Canal Road, Vijay Nagar, Delhi, India 11009, Tel. 0091-11-722 22 44

Adressen

Feng-Shui-Beratungszentrum für Wohn- und Lebensqualität: Robert Hofmann, Brauneckstraße 1, D-85598 Baldham, Tel. 08106-5369

Erstellung von Konzepten für Architektur im Innen- und Außenbereich: Horst Hofbauer, Auf der Eierwiese 14, D-82031 Grünwald, Tel. 089-641 74 00, Fax 089-641 76 08

Architekten mit ganzheitlichem Ansatz:
Theodor Henzler, BDA, DWB, Mitterkreil 2, D-93176 Boratzhausen, Tel. 09439-15 30
Utz Peter Strehle, BDA, Antonienstraße 1, D-80802 München, Tel. 089-39 00 51, Fax 089-39 48 64

Positive Malereien: Dazze Kammerl, Jägerberg 21, D-82335 Berg, Tel. 08151-5 04 49

Klangspiele, Windspiele, Kämme: Robert Hofmann, Brauneckstraße 1, D-85598 Baldham, Tel. 08106-53 69

Farb-Energie-Sets sowie Seminarauskünfte erhalten Sie über:

NKM, Josef-Brückl-Weg 3, D-82031 Grünwald

Integra, Morgartenstrasse 9, CH-6000 Luzern,
Tel. 041-23 30 09, Fax 041-23 30 19

Physio-Energetik, Sieveringer Straße 126/4,
A-1190 Wien, Tel. 01-440 41 97, Fax 01-440 42 51

Wrage-Versandbuchhandel, Schlüterstraße 4,
D-20146 Hamburg, Tel. 040-49 52 40,
Fax 040-44 24 69

Das *Multi-Color-Combi* – Farb-Handlampe mit Quarzglaspyramide und 2 x 15 Farbfiltern zur Farbbestrahlung und Farbakupunktur kann man ebenfalls beziehen über:
Wrage, Schlüterstraße 4, D-20146 Hamburg
R. Engel, Sieveringerstraße 126, A-1190 Wien
Buchhandlung Scherz, Marktgasse 25, CH-3012 Bern
Integra, Morgartenstraße 9, CH-6000 Luzern